Kartoffeln

Elisabeth Bangert

Kartoffeln

EDITION XXL

Inhaltsverzeichnis

Vorwort 9

Ratgeber 10

Classics 16

Leckere Gerichte 36

    Aus dem Topf 38

    Salate 70

    Aus der Pfanne 82

    Aus dem Ofen 110

    Vom Grill 144

Vorwort

Die Kartoffel ist nach wie vor eines unserer beliebtesten Nahrungsmittel. Kein Wunder, schließlich kann man sie nicht nur kochen, backen oder braten, sondern auch pürieren, frittieren, rösten ... und, und, und. Die Kartoffel ist eben eine echt „tolle Knolle".

Bestimmt haben Sie sich schon mal gefragt, was die vielen Handelsbezeichnungen von Kartoffeln bedeuten. Zwischen „festkochenden Frühkartoffeln" und „mehligkochenden mittelfrühen Kartoffeln" kann man ja schon mal den Überblick verlieren.

Im Ratgeberteil dieses Buches habe ich für Sie diese ganzen Bezeichnungen erklärt. Außerdem erfahren Sie alles, was Sie über die Kartoffel wissen müssen, von der richtigen Lagerung über die verschiedenen Reifezeitpunkte bis hin zu den Nährwerten.

Darüber hinaus finden Sie im Rezeptteil des Buches die beliebtesten Kartoffel-Klassiker als Grundrezepte. Egal ob Püree, Gnocchi, Schupfnudeln oder Klöße, selbst gemachte Beilagen aus Kartoffeln sind immer ein Genuss.

Im Anschluss habe ich Ihnen eine abwechslungsreiche Rezeptsammlung zusammengestellt, welche die Vielseitigkeit der Kartoffel widerspiegelt. Neben Vorspeisen wie Suppen und Salaten finden Sie dort die unterschiedlichsten Hauptspeisen wie z. B. Zucchini-Rösti mit Chili-Geschnetzeltem, Pfeffer-Reh mit Kartoffel-Kürbis-Püree oder Quark-Kartoffel-Keulchen mit Pflaumenkompott.

Blättern Sie doch gleich mal durch und lernen Sie das beliebte Grundnahrungsmittel von seinen besten Seiten kennen.

Ihre

Elisabeth Bangert

Kartoffelgeschichte

Seit wann essen wir Kartoffeln?

Bevor sich die Kartoffel in unseren Breitengraden so richtig heimisch fühlen durfte, musste sie von den Spaniern vor mehr als 400 Jahren aus Amerika bzw. genauer aus den südamerikanischen Anden nach Europa gebracht werden. Zuerst fiel die Kartoffel in Europa durch ihre wunderschöne Blütenpracht und ihr üppiges Grün auf und wurde deshalb anfangs als Zierpflanze für botanische Gärten importiert. Für essbar hielt die Pflanze kaum jemand.

Auf dem Kartoffelacker

Zunächst wurde die Kartoffel als Viehfutter verwendet, als jedoch der Siebenjährige Krieg (1756 bis 1763) großes Elend und eine Hungerkatastrophe über unser Land brachte, gelang der Kartoffel der Durchbruch als Grundnahrungsmittel: Der Alte Fritz ließ die Knollen anbauen, um seine Untertanen vor dem Verhungern zu retten.

Im 18. Jahrhundert wurde die Kartoffel in verschiedenen Ländern zu einem Grundnahrungsmittel. Sie war billig und konnte in großen Mengen produziert werden. Es schien möglich, mit Kartoffeln die schnell wachsende Bevölkerung ausreichend ernähren zu können. Sich jedoch überwiegend auf eine Nahrungsquelle zu verlassen, birgt Gefahren in sich. So kam es in Irland in der Mitte des 19. Jahrhunderts zur Katastrophe, als fast die gesamte Ernte auf der Insel durch eine Pilzkrankheit vernichtet wurde. Die Folge war die größte Hungersnot in der Geschichte Irlands. Innerhalb weniger Jahre starben mehr als 1 Million Iren und fast ebenso viele wanderten aus.

Wann ist Kartoffelsaison?

Kartoffeln gedeihen bei uns zwar nur zwischen Frühjahr und Herbst, man kann sie aber das ganze Jahr über kaufen. Im Juni kommen die frühen, ab September dann die späteren Sorten auf den Markt.

> **Die Kartoffel hat viele Namen**
>
> - Grumbeere
> - Krummbirne
> - Grundbirne
> - Erdbirne
> - Erdapfel
> - Erdkastanie
> - Erdrübe
> - Erdschocke
> - Knolle
> - Knulle

Kartoffelblüte

Wozu werden Kartoffeln verwendet?

Zum delikaten Essgenuss wird nur ein geringer Prozentteil aller geernteten Kartoffeln verbraucht. Der Rest findet Verwendung als Stärke, für Alkohol (z. B. Wodka), Tierfutter bzw. wird wiederum als Pflanzkartoffeln eingesetzt. Deutschland ist übrigens innerhalb der EU mengenmäßig der größte Kartoffelanbauer.

Kartoffelernte

Was Sie beim Kauf und bei der Verwendung beachten sollten

Wie lagere ich Kartoffeln am besten?

Sicherlich ist er noch dem einen oder anderen bekannt, der berühmte alte Kartoffelkeller. Das war ein separater Kellerraum im Haus zur Lagerung von Kartoffeln, Äpfeln, Karotten, eingelegtem Weißkraut, usw. für die kalten Wintermonate, meist mit idealen Temperaturen um 5° C. Leider hat er schon lange ausgedient, können wir doch heute täglich frische Kartoffeln im Supermarkt um die Ecke kaufen. Jedoch gilt noch immer die Faustregel zur Lagerung: dunkel, trocken und kühl. Wer größere Mengen einlagern möchte, nutzt hierzu am besten Körbe aus Weide oder die berühmten Kartoffelkisten aus Holz. Wichtig: Rohe Kartoffeln niemals einfrieren!

Kartoffel mit Keimen

Sparschäler

Was muss ich beim Schälen der Kartoffeln beachten?

Entfernen Sie zunächst die Keime. Das wichtigste Gerät zum Schälen ist der Kartoffelschäler. Er sollte von bester Qualität und scharf sein. Mit etwas Übung werden Sie mit diesem den größten Erfolg erzielen. Schneiden Sie außerdem stets die grünen Stellen heraus. Diese bilden sich auf Kartoffeln, wenn sie zu viel Tageslicht abbekommen haben. Dabei entsteht der giftige Stoff Solanin, der beim Verzehr zu Übelkeit und Magenstörungen führen kann. Besonders Kinder sind hiervon betroffen.

Lager-Tipps

- dunkle Räumlichkeiten
- saubere, luftdurchlässige Behältnisse
  z. B. Zeitungspapier oder Papiertüte (keine Plastikfolie)
- zu hohe Feuchtigkeit führt zu Schimmel und Fäulnis
- weit weg von Obst
- kühl (gegen Keime), aber frostfrei
- nicht fallen lassen, erzeugt Druckstellen

Völlige Dunkelheit ist ein sehr wichtiger Faktor, entwickeln doch die Knollen schnell die bekannten grünen Flecken. Hier ist vor allem das Neonlicht in den Supermärkten absoluter Förderer der Giftstoffe.

Reife und Erntezeit

Welche Reifezeitpunkte gibt es?

1. Frühkartoffeln:

Anders als bei den gewöhnlichen Kartoffeln ist die Schale der Frühkartoffeln zart und essbar. Somit ist sie ein wahrer Genuss für alle Feinschmecker. Kartoffeln haben je nach Sorte eine Reifezeit von etwa 100 bis 130 Tagen. Die Saatkartoffeln können frühestens Ende März ausgelegt werden. Frühkartoffeln werden unter schützenden Folien aufgezogen und kommen bereits Ende Mai in den Handel. Sie schmecken frisch am besten und sollten nicht länger als zwei Wochen aufbewahrt werden. Am besten lagern Sie sie kurzfristig trocken und dunkel bei 5 bis 10° C, z. B. im Gemüsefach des Kühlschranks – aber nicht im Plastikbeutel, sondern mit Zeitungspapier abgedeckt. Zum Einkellern sind sie ungeeignet.

Speisefrühkartoffeln sind z. B. die Sorten: Frühgold, Saline, Arielle und Salome. Die Frühkartoffeln, die bei uns zurzeit verkauft werden, stammen zum größten Teil aus Südeuropa (Zypern, Malta, Italien) oder aus Nordafrika (Marokko, Ägypten) und Israel. Diese Frühkartoffeln sind zwar von unterschiedlichen Sorten, haben aber alle eines gemeinsam: Sie sind „festkochend", also nicht geeignet für Klöße oder Pürees.

Achtung: Nur wenn die Kartoffeln wirklich als „Frühkartoffeln" ausgezeichnet sind, können Sie sicher sein, dass es sich tatsächlich um Frühkartoffeln handelt. Manche Kartoffeln aus der Ernte des letzten Jahres sind behandelt, sehr gut gewaschen und sehen so frisch aus, dass man sie für Frühkartoffeln halten könnte.

Die Qualität und der Geschmack einer Frühkartoffel hängen wesentlich mehr davon ab, wie sorgfältig und auf welchem Boden sie angebaut wurde, als davon, aus welchem Land sie stammt. Außerdem spielen schonender Transport und richtige Lagerung eine große Rolle. Das alles steht aber nicht auf der Packung und leider stellt auch der Preis keine verlässliche Orientierungshilfe dar – fragen Sie doch mal Ihren Händler nach den Qualitätsmerkmalen seiner Frühkartoffeln. Eine gute Frühkartoffel hat eine gleichmäßige Schale, ist glatt, fest und schön prall. Grünliche Verfärbungen bei Frühkartoffeln sind ein Zeichen schlechter Lagerung.

2. Sehr frühe Sorten:

Sie kommen meist aus dem Mittelmeerraum, in dem wegen nicht vorhandenem Bodenfrost eine frühe Anpflanzung möglich ist. Inzwischen werden diese Sorten allerdings auch immer häufiger bei uns unter Folienabdeckung gezogen. Sie haben eine dünne Schale und sind zart. Dies führt dazu, dass sie wie die Frühkartoffeln schnell welken und keimen. Daher sollten sie rasch verbraucht werden. Sie werden im Juni, gleich nach den Frühkartoffeln, erntereif. Bekannte Sorten sind Arkula, Atica, Berber, Christa, Layla und Ukama. Sie verfügen über eine gelbe Fleischfarbe und glatte Haut und sie sind vorwiegend festkochend.

Verschiedene Kartoffelsorten

Kartoffeln werden per Hand sortiert

3. Frühe Sorten:

Sie haben eine feste Schale und werden zwischen Anfang Juli und Mitte August geerntet. Bei guter Lagerung können sie bis in den späten Herbst hinein im Haushalt bevorratet werden. Vorwiegend festkochende Sorten sind z. B. Arnika und Karat. Festkochende Sorten sind hingegen Forelle und Sieglinde.

4. Mittelfrühe Kartoffeln:

Sie sind frühestens Mitte August reif und werden spätestens Ende September geerntet. Mittelfrühe Kartoffeln haben eine feste Schale und eignen sich deshalb hervorragend zur langen Einlagerung im Haushalt, bedingt auch schon zur Einkellerung. Festkochende Sorten sind z. B. Exquisa, Hansa und Linda. Vorwiegend festkochende Sorten sind Grandifolia, Liu und Roxy, während es sich bei Adretta und Irmgard um mehlige Sorten handelt. Alle diese mittelfrühen Kartoffeln haben gelbes Fleisch und eine glatte bis leicht raue Haut.

5. Mittelspäte und späte Kartoffeln:

Sie sind zwischen Mitte September und Ende Oktober reif und können unter idealen Voraussetzungen fast bis ins nächste Frühjahr eingekellert werden. Die Isola ist vorwiegend festkochend, alle anderen Sorten wie z. B. Datura und Saturna sind mehligkochend. Die Kartoffeln sind eher rundlich oval.

6. Importware:

Schon im Januar kommen bei uns neue Kartoffeln in den Handel. Sie stammen aus Israel oder aus Marokko und Tunesien. Anschließend finden wir Kartoffeln aus anderen Mittelmeerländern auf dem Markt. Da Kartoffeln in vielen Gegenden der Welt wachsen, deren klimatische Bedingungen zu unterschiedlicher Reifedauer und verschiedenen Erntezeiten führen, haben wir das ganze Jahr über Kartoffeln im Angebot. Dies hat den Vorteil, dass wir in unseren modernen Häusern und Wohnungen – die über keine geeigneten kühlen Kellerräume verfügen – nichts mehr einlagern müssen.

Kartoffelzubereitung in der Küche

Reife und Erntezeit

Die Kartoffelsorten

Welche Sorten gibt es?

International wird die Zahl der unterschiedlichen Kartoffelsorten auf über 4500 geschätzt. Entsprechend mannigfaltig sind die Größen und Typen der Knollen und reichen von rundlich über oval bis länglich. Die Schalenfarbe variiert von hellem Gelb über Rosa bis hin zu Dunkelbraun. Auch das bei den weitaus meisten Sorten hellbeige Fruchtfleisch ist bei einzelnen Gattungen bis hin zu blau oder hellbeige mit roten Ringen gefärbt.

Beispiele für Kartoffelsorten

Adretta, Afra, Agata, Agria, Amandine, Arkula, Aula, Bamberger Hörnchen, Belana, Bernadette, Bintje, Blauer Schwede, Bolero, Bonnotte, Charlotte, Christa, Cilena, Colette, Derby, Desirée, Ditta, Donella, Eba, Eden, Erntestolz, Filea, Finka, Fontane, Freya, Gala, Gourmandine, Granola, Hansa, Hermes, Innovator, Jelly, Karlena, Kipfler, Lady Christl, Lady Claire, Lady Felicia, Lady Jo, Lady Rosetta, Laura, Leyla, Likaria, Linda, Marabel, Markies, Marlen, Melina, Naturella, Nicola, Pamela, Panda, Princess, Ostara, Quarta, Rode Eersteling, Rosara, Satina, Saturna, Selma, Sieglinde, Solara, Stella, Tizia, Urgenta, Victoria, Vitelotte.

Was hat es mit den Kocheigenschaften auf sich?

Beim Kartoffelkauf gibt es ein entscheidendes Kriterium: die Kocheigenschaft! Grundsätzlich unterscheidet man festkochende Sorten, vorwiegend festkochende und mehlige.
Im rohen Zustand ist die Unterscheidung des Kochtyps sehr schwer. Je weniger Stärke eine Kartoffel enthält, desto fester ist ihr Fleisch. Um dies zu überprüfen, schneiden Sie die rohe Kartoffel in der Mitte auseinander und reiben die offenen Flächen gegeneinander. Durch die Reibung bildet die austretende Stärke einen weißen Film. Je mehr Stärke sich bildet, umso mehliger kochend ist die Kartoffel.

Was sind festkochende Kartoffeln?

Diese Kartoffelsorten enthalten vergleichsweise wenig Stärke, haben eine feinkörnige Struktur und bleiben auch nach dem Kochen saftig. Ganz besonders eignen sie sich zur Verwendung bei Kartoffelgerichten, für welche die Knollen in Scheiben geschnitten werden müssen. So z. B. für Kartoffelsalate, Bratkartoffeln oder Gratins. Aber auch im Ganzen machen die festkochenden Kartoffeln eine tolle Figur. Für Salz- und Pellkartoffeln sowie Ofen- und Grillkartoffeln sind sie bestens geeignet. Die Schalen platzen beim Kochen nicht auf. Bei uns erhältlich sind z. B. Cilena, Hansa, Linda, Nicola, Princess, Forelle, Selma, Sieglinde und Simone.

Was sind vorwiegend festkochende Kartoffeln?

Es sind die „Allrounder" unter den Kartoffeln. In ihnen werden die Eigenschaften der mehlig- und der festkochenden Kartoffeln miteinander kombiniert. Besonders gut eignen sie sich

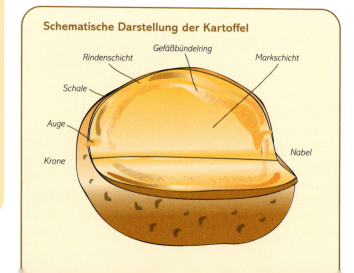

Schematische Darstellung der Kartoffel

Rindenschicht, Gefäßbündelring, Markschicht, Schale, Auge, Krone, Nabel

Auswahl deutscher Speisekartoffeln im Handel – saisonale Übersicht

Sorte	Sept.	Okt.	Nov.	Dez.	Jan.	Feb.	Mär.	Apr.	Mai
Agria		●	●	●	●	●	●	●	
Adretta		●	●	●	●	●	●		
Aula		●	●	●	●	●	●		
Cilena		●	●	●	●	●	●	●	
Désirée	●	●	●	●	●	●	●	●	●
Granola	●	●	●	●	●	●	●	●	●
Hansa	●	●	●	●	●	●	●	●	
Irmgard		●	●	●	●	●	●		
Likaria			●	●	●	●	●		
Linda		●	●	●	●	●	●	●	●
Liu	●	●	●	●	●	●	●	●	●
Nicola	●	●	●	●	●	●	●	●	●
Quarta		●	●	●	●	●	●	●	●
Satina	●	●	●	●	●	●	●	●	●
Secura	●	●	●	●	●	●	●	●	●
Selma		●	●	●	●	●	●		
Solara	●	●	●	●	●	●	●	●	●

Legende: festkochend – vorwiegend festkochend – mehligkochend

für Salz- und Pellkartoffeln, weil sie Soße gut aufsaugen und dennoch kompakt und fest bleiben. Suppen lassen sie leicht sämig werden, weil sie Stärke abgeben, und sie sorgen für leckere Bratkartoffeln, Gratins und Pommes frites, weil sie außen kross werden und innen schön locker bleiben.
Bei uns erhältlich sind z. B. Agria, Desirée, Rosara, Grandifolia, Impala, Laura, Liu, Marabel, Quarta, Roxy, Secura und Solara.

Was sind mehligkochende Kartoffeln?

Die stärkehaltige Sorte zeichnet sich durch eine trockene und grobkörnige Struktur aus. Ihre Schale platzt beim Kochen leicht und sie zerfallen schneller als andere Sorten. Deshalb eignen sie sich bestens zum Pürieren, Stampfen und Reiben. In Eintöpfen werden sie schnell sämig und geben durch die Stärke die gewünschte Bindung. Für Klöße, Knödel und Gnocchi ist der hohe Stärkegehalt ebenfalls eine Art Gelinggarantie.
Bei uns erhältlich sind z. B. Aula, Irmgard, Karlena, Likaria, Melody und Treff.

Machen Kartoffeln dick?

Der Fettanteil der Kartoffel liegt bei nur 0,1 %. 100 g enthalten gerade mal 68 kcal. Demnach sind Kartoffeln ganz sicher keine Dickmacher. Sie sind gesund und kalorienarm. Dick macht nicht die Kartoffel, sondern die üppige Sahnesoße oder das fettreiche Fleisch dazu bzw. die Art der Zubereitung. Achten Sie darauf, wenn Sie sich kalorien- und fettarm ernähren möchten.

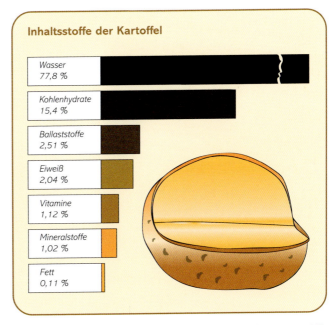

Inhaltsstoffe der Kartoffel

- Wasser 77,8 %
- Kohlenhydrate 15,4 %
- Ballaststoffe 2,51 %
- Eiweiß 2,04 %
- Vitamine 1,12 %
- Mineralstoffe 1,02 %
- Fett 0,11 %

Classics

Grundsätzlich gibt es unzählige Möglichkeiten, wie Sie aus Kartoffeln die unterschiedlichsten Beilagen zubereiten können. Die Klassiker haben wir hier für Sie auf den Seiten 18 bis 35 aufgeführt.

Ein paar der Kartoffel-Klassiker sind zwar recht aufwändig in der Zubereitung, machen den Aufwand aber durch ihren Geschmack im Vergleich mit Fertigprodukten auf jeden Fall wett.

Salzkartoffeln

Zutaten:
für 4 Personen

1 kg festkochende Kartoffeln
1 TL Salz

Zubereitung:

1. Die Kartoffeln schälen und waschen. Wenn Sie die Kartoffeln nicht sofort kochen möchten, geben Sie diese in eine Schüssel mit Wasser, damit sie nicht braun werden und austrocknen.

2. Je nach Größe die Kartoffeln halbieren oder vierteln. Damit die Stärke nicht austritt, sollten Sie diesen Arbeitsschritt erst kurz vor dem Kochen machen.

3. Die Kartoffeln in reichlich Salzwasser aufsetzen und zum Kochen bringen. Bei geschlossenem Deckel ca. 20 Minuten köcheln lassen und abgießen. Die Garprobe funktioniert mit einem scharfen Messer. Dieses in eine Kartoffel stechen. Ist kein fester Kern mehr spürbar, ist sie fertig.

Tipp: Müssen Kartoffeln etwas warm gehalten werden, einfach zwischen Topf und Deckel ein trockenes Tuch oder Küchenkrepp klemmen, weil dieses den sich bildenden Dampf gut aufnimmt und die Kartoffeln nicht verwässern können.

Pellkartoffeln

Zutaten:
für 4 Personen

1 kg festkochende Kartoffeln
1 TL Salz

Zubereitung:

1. Die Kartoffeln gründlich abbürsten und waschen. In reichlich Salzwasser aufsetzen und zum Kochen bringen. Bei geschlossenem Deckel ca. 20 Minuten köcheln lassen und abgießen.

2. Die Kartoffeln mit kaltem Wasser abschrecken, so lassen sie sich besser schälen.

Kartoffelgratin

Zutaten:
für 4 Personen

1 kg festkochende Kartoffeln
20 g Butter
1 Knoblauchzehe
150 g Schinkenwürfel
200 g Schmand
100 ml süße Sahne
12 EL Milch
200 g Schmelzkäse

Zubereitung:

1. Die Kartoffeln schälen, waschen und in dünne Scheiben hobeln oder schneiden. Die Kartoffelscheiben auf Küchenkrepp etwas trocknen lassen.

2. Den Backofen auf 180° C, Gas Stufe 2–3, Umluft 160° C vorheizen. Eine Auflaufform mit der Butter einpinseln.

3. Die ungeschälte Knoblauchzehe quer halbieren und die Auflaufform mit der Schnittfläche kräftig einreiben.

4. Die Kartoffelscheiben in der Auflaufform gleichmäßig verteilen und mit den Schinkenwürfeln bestreuen.

5. Den Schmand in eine Schüssel füllen und mit einem Schneebesen die Sahne und die Milch unterrühren. Den Schmelzkäse in kleinen Stückchen unter die Soße rühren, bis sie cremig wird.

6. Die Soße gleichmäßig über das Kartoffelgratin gießen. Das Kartoffelgratin ca. 60 Minuten auf der mittleren Einschubleiste des Backofens backen, bis sich eine leicht goldbraune Kruste bildet.

Tipp: Sie können das fertige Gratin noch aufwerten, indem Sie kurz vor dem Servieren frische Kräuter zugeben.

Backofenkartoffeln

Zutaten:
für 4 Personen

1 kg Frühkartoffeln
6 EL Öl
4 TL Salz
2 EL Rosmarinnadeln
Pfeffer

Zubereitung:

1. Den Backofen auf 200° C, Gas Stufe 3–4, Umluft 180° C vorheizen.

2. Die Kartoffeln gründlich abbürsten, waschen, abtrocknen und in eine Auflaufform oder auf ein Backblech geben.

3. Öl, Salz, Rosmarin und Pfeffer hinzufügen und alles gut miteinander vermischen, bis alle Kartoffeln mit Öl und Kräutern benetzt sind.

4. Das Ganze zugedeckt 40–50 Minuten im Backofen garen.

Bratkartoffeln

Zutaten:
für 4 Personen

1 kg vorwiegend festkochende Kartoffeln
4 EL Butterschmalz
2 Zwiebeln

Salz
Pfeffer
Paprikapulver

Zubereitung:

1. Die Kartoffeln schälen, waschen und in feine Scheiben hobeln oder schneiden.

2. Das Butterschmalz in einer Pfanne erhitzen, die Kartoffeln darin ca. 20 Minuten bei mittlerer Hitze zugedeckt garen. Gelegentlich mit einem Pfannenwender vorsichtig wenden. Achtung: Nicht zu oft, sonst bekommen sie keine schöne goldbraune Kruste.

3. Die Zwiebeln schälen und in feine Würfel schneiden.

4. Nach 10 Minuten die Zwiebeln unter die Kartoffeln mischen und mit Salz, Pfeffer und Paprikapulver abschmecken.

Tipp: Noch krosser werden die Bratkartoffeln, wenn Sie diese vor dem Braten in Mehl wenden.

Kartoffelpüree

Zutaten:
für 4 Personen

1 kg mehligkochende Kartoffeln
ca. 150 ml Milch (je nach Sorte
und Alter der Kartoffeln)
1 EL Butter

1 TL Salz
1 Prise Pfeffer
1 Prise Muskat

Zubereitung:

1. Die Kartoffeln schälen, waschen und je nach Größe halbieren oder vierteln. In reichlich Salzwasser aufsetzen und zum Kochen bringen. Bei geschlossenem Deckel ca. 20 Minuten köcheln lassen und abgießen.

2. Die Kartoffeln durch die Kartoffelpresse drücken und danach nochmals mit dem Stampfer zu Mus drücken. Achtung: Niemals den Pürierstab dafür verwenden, da das Püree sonst klebrig wird!

3. Die Milch zusammen mit der Butter, dem Salz, Pfeffer und Muskat in einem Topf kurz aufkochen.

4. Das Milchgemisch nach und nach auf die gestampften Kartoffeln geben. Dabei mit einem Schneebesen kräftig schlagen.

5. Wenn das Püree die gewünschte Konsistenz erreicht hat, mit Salz, Pfeffer und Muskat abschmecken.

Variante:
Im Handumdrehen können Sie dem klassischen Kartoffelpüree interessante Geschmacksnoten verleihen. Fügen Sie dem Grundrezept bis zu 250 g andere Geschmackszutaten hinzu. So z. B.:
- gehackte Nüsse oder Kräuter
- klein geschnittenes Gemüse
- gedünstete Zwiebeln, Pilze oder Speck
- geriebenen Parmesan
- Blattspinat

Tipp: Kartoffelpüree schmeckt am besten frisch. Es lässt sich weder gut aufwärmen noch gut warm halten. Aus den Resten kann man Kroketten zubereiten.

Kroketten

Zutaten:
für 4 Personen

500 g Kartoffelpüree
100 g Mehl
2 Eier
1 l Öl
100 g Semmelbrösel

Zubereitung:

1. Das Kartoffelpüree mit dem Mehl und einem Ei zu einer gut formbaren Masse verrühren.

2. Die Masse zu einem Strang rollen und ihn in 25 gleich dicke Scheiben schneiden. Diese zu Kroketten formen.

3. Das Öl in einem ausreichend großen Topf erhitzen.

4. Das zweite Ei auf einem flachen Teller verquirlen und auf einen weiteren die Semmelbrösel geben. Die Kroketten darin wälzen.

5. Die Kroketten in dem heißen Öl ca. 5 Minuten goldbraun frittieren.

Rösti

Zutaten:
für 4 Personen

1 kg festkochende Kartoffeln
1 Zwiebel
2 EL Butterschmalz
Salz
Pfeffer

Zubereitung:

1. Die Kartoffeln waschen und mit der Schale ca. zehn Minuten kochen.

2. Zwischenzeitlich die Zwiebel schälen und fein würfeln.

3. Die Kartoffeln abgießen, pellen und grob reiben, mit den Zwiebelwürfeln mischen, salzen und pfeffern.

4. Zunächst einen Esslöffel von dem Butterschmalz in einer Pfanne erhitzen und die Kartoffeln darin portionsweise bei schwacher Hitze 15 Minuten auf einer Seite braten.

5. Die Rösti auf einen Teller gleiten lassen, das restliche Butterschmalz schmelzen, die Rösti umdrehen und in ca. 15 Minuten fertig backen.

Variante:
Anstatt vieler kleiner Röstis können Sie die Kartoffelmasse auch auf einmal in die Pfanne geben. Wenn Sie es gerne pikant mögen, können Sie auch Speck oder Kümmel untermischen.

Reibekuchen

Zutaten:
für 4 Personen

1 kg festkochende Kartoffeln
1 Zwiebel
2 Eier
ca. 1 EL Mehl
4 EL Speiseöl
Salz

Zubereitung:

1. Die Kartoffeln schälen und waschen und die Zwiebel schälen und beides reiben.

2. Mit den Eiern, dem Mehl und Salz zu einem Teig verrühren.

3. Den Teig in dem erhitzten Öl zu goldbraunen Reibekuchen braten und sofort servieren.

Variante:
Zu den Reibekuchen können Sie je nach Geschmack Zuckerrübensirup, z. B. Grafschafter Goldsaft, Apfelmus oder eine Scheibe Schwarzbrot mit Butter reichen.

Tipp:
Verwenden Sie beim Braten ein hoch erhitzbares Fett wie z. B. Rapsöl oder Butterschmalz. Butter sowie die meisten kaltgepressten Öle vertragen keine hohen Temperaturen.

Pommes frites in Fett oder Öl

Zutaten:
für 4 Personen

1 kg große, vorwiegend festkochende Kartoffeln
750 g Fett oder
1 l Öl
Salz

Zubereitung:

1. Die Kartoffeln schälen, in dünne Stäbchen schneiden, kalt abspülen und bis zur Verwendung in ein Küchentuch schlagen, das die Feuchtigkeit aufnimmt.

2. Das Fett oder Öl in einem Topf erhitzen. Es ist heiß genug, wenn an einem hineingehaltenen Holzstäbchen sofort Bläschen aufsteigen. Einfacher geht es mit einer Fritteuse. Hier das Öl oder Fett auf 165° C erhitzen.

3. Die Kartoffelstäbchen in kleinen Mengen hineingeben. Gelegentlich mit dem Schaumlöffel umrühren, damit die Pommes frites nicht zusammenkleben.

4. Die Pommes frites nach ca. drei Minuten herausnehmen und auf ein Sieb zum Abtropfen geben.

5. Die Pommes frites erneut ca. zwei Minuten backen, bis sie eine schöne goldene Farbe haben, herausnehmen und auf einem Stück Küchenkrepp entfetten lassen.

6. Die Pommes frites mit Salz bestreuen und sofort servieren.

Tipp: Nicht zu viele Kartoffelstäbchen auf einmal in das heiße Fett oder Öl geben, sonst schäumt dieses leicht über und kühlt ab. Das führt dazu, dass die Pommes frites zu viel Fett aufsaugen und somit nicht nur speckig, sondern auch matschig und kalorienreich werden. Wer lieber kalorienarm isst, sollte auf die Pommes-Variante aus dem Backofen zurückgreifen.

Pommes frites aus dem Backofen

Zutaten:
für 4 Personen

1 kg große, vorwiegend festkochende Kartoffeln
etwas Öl
Salz

Zubereitung:

1. Die Kartoffeln schälen und in dünne Stäbchen schneiden. Anschließend kurz blanchieren, kalt abspülen und bis zur Verwendung in ein Küchentuch schlagen, das die Feuchtigkeit aufnimmt.

2. Den Backofen auf 250° C, Gas Stufe 6–7, Umluft 230° C vorheizen.

3. Das Backblech mit dem Öl einpinseln und die Pommes frites ca. 30 Minuten auf der mittleren Schiene backen. Zwischendurch einmal wenden.

4. Wenn die Pommes frites eine schöne goldgelbe Farbe haben und knusprig sind, sie herausnehmen, in eine Schüssel geben und mit Salz bestreuen.

Variante:
So wird im Handumdrehen aus den klassischen Pommes frites eine besondere Beilage: 200 g geriebener Edamer über die bereits vorgebräunten Pommes geben und im Backofen oder unter dem Grill ca. fünf Minuten überbacken. Noch etwas Paprikapulver darüber und fertig sind die Käse-Pommes.

Ketchup

Zutaten:
für 4 Personen

500 g Tomaten
½ Knoblauchzehe
½ Zwiebel
1 TL gekörnte Gemüsebrühe
20 ml Essig
1 EL Zucker
Salz
Pfeffer

Zubereitung:

1. Die Tomaten kurz blanchieren, damit sich die Haut leicht lösen lässt. Anschließend vierteln und mit einem Pürierstab oder Mixer sorgfältig pürieren.

2. Das Tomatenpüree in einen Topf geben und ca. zehn Minuten köcheln lassen. Währenddessen öfter umrühren, damit nichts anbrennt.

3. Die Knoblauchzehe und die Zwiebel schälen, ebenfalls pürieren und mit der Gemüsebrühe, dem Essig sowie dem Zucker, etwas Salz und Pfeffer vermischen.

4. Die Gewürzmischung zu dem Tomatenpüree geben und das Ganze ca. eine Stunde köcheln lassen. Dabei wieder häufig umrühren und abschmecken. Wer sein Ketchup besonders fein haben möchte, streicht das Tomatenpüree anschließend noch durch ein Sieb.

Tipp: Das selbst gemachte Tomatenketchup ist im Gegensatz zu gekauftem nur ca. eine Woche lang haltbar. Deshalb besser immer nur kleinere Mengen für einen bestimmten Anlass zubereiten.

Schupfnudeln

Zutaten:
für 4 Personen

1 kg festkochende Kartoffeln
1 kg Mehl
4 Eier
½ TL Muskat
3–4 TL Salz
1 Prise Pfeffer

Außerdem:
300 g Mehl für die Arbeitsfläche und Hände
etwas Öl
etwas Butter

Zubereitung:

1. Die Kartoffeln schälen und kochen. Anschließend – am besten einen Tag später – sehr fein zerkleinern.

2. Die Kartoffelmasse, das Mehl, die Eier und die Gewürze in einer Schüssel zu einem festen Teig verkneten. Achtung: Die Teigmasse klebt! Deshalb die Hände und den Schüsselboden immer wieder mit Mehl bestreuen. Den Teig abschmecken und mindestens 25 Minuten ruhen lassen.

3. Die Arbeitsfläche mit Mehl bestreuen und eine kleine Schüssel mit Mehl füllen. Vom Teig mit dem Messer etwa eine große Hand voll abtrennen und mit den vorher bemehlten Händen zu einen Strang von ca. 2 bis 3 cm Durchmesser rollen. Die Teigrolle mit dem Messer in ca. 1 cm breite Stücke schneiden.

4. Mit den bemehlten Händen nun ein Stückchen des Teiges zwischen den Handflächen mehrmals kräftig rollen und in die mit Mehl gefüllte Schüssel hineinfallen lassen („schupfen").

5. Die Schupfnudeln aus der Schüssel auf die bemehlte Arbeitsfläche legen und die nächsten Nudeln fertigen.

6. Jeweils ca. 20 Schupfnudeln in einen großen Kochtopf mit kochendem Salzwasser und einem Schuss Öl geben. Kurz vorsichtig umrühren, damit die Schupfnudeln nicht am Boden ankleben.

7. Wenn die Nudeln oben schwimmen, können sie nach ca. 30 Sekunden entnommen werden und sollten dann mit kaltem Wasser abgeschreckt und in etwas Butter geschwenkt werden, das verhindert das Zusammenkleben.

8. Wer die Schupfnudeln als Beilage verwenden will, sollte sie in ordentlich Butter oder Schmalz mit etwas Pfeffer und Salz goldbraun anbraten und sofort servieren.

Variante:
Sie können die Schupfnudeln auch zusammen mit Sauerkraut, Kümmel, Salz, Pfeffer und Speck braten.

Tipp: Der Name Schupfnudeln kommt von dem schwäbischen Wort „schupfen", was sinngemäß etwa „wegstoßen" bedeutet. Die Zubereitung ist etwas mühsam und zeitaufwändig, dafür kann man aber gleich größere Mengen produzieren und die gekochten Schupfnudeln sehr gut einfrieren.

Gnocchi

Zutaten:
für 4 Personen

800 g gekochte Kartoffeln vom Vortag
300 g Mehl
200 g Parmesan, frisch gerieben

1 Eigelb
1 TL Salz
weißer Pfeffer

Zubereitung:

1. Die am Vortag gekochten Kartoffeln pellen und durch eine Kartoffelpresse drücken.

2. Die Masse auf eine Arbeitsfläche geben, das Mehl, den Parmesan, das Eigelb, das Salz und Pfeffer hinzufügen. Daraus einen weichen, aber formbaren Teig kneten und ca. 60 Minuten an einem kühlen Ort ruhen lassen.

3. Zuerst in Salzwasser ein Gnoccho probekochen. Sollte der Teig zu weich sein, etwas Mehl dazugeben.

4. Eine daumendicke Teigrolle formen und davon etwa 3 cm lange Stücke abschneiden, diese oval formen und jeweils mit einer Gabel längs eindrücken.

5. Die Gnocchi ca. sieben Minuten in kochend heißem Salzwasser ziehen lassen und heiß auf Tellern anrichten.

Kartoffelklöße

Zutaten:
für 4 Personen

800 g mehligkochende Kartoffeln
1 EL Butter
1 Ei
1 EL Kartoffelstärke
Salz
Pfeffer
Muskat

Zubereitung:

1. Die Kartoffeln gründlich abbürsten und waschen. In reichlich Salzwasser aufsetzen und zum Kochen bringen. Bei geschlossenem Deckel ca. 20 Minuten köcheln lassen und abgießen.

2. Die Kartoffeln abpellen und durch eine Presse drücken. Die Butter schmelzen und mit dem Ei zu den Kartoffeln geben.

3. Die Kartoffelstärke nach und nach einarbeiten und das Ganze mit Salz, Pfeffer und Muskat würzen.

4. Aus dem Teig 12 Klöße formen und in reichlich heißem Salzwasser zehn Minuten ziehen lassen.

Rohe Kartoffelklöße

Zutaten:
für 4 Personen

1 kg Kartoffeln
1 Ei
3 EL Kartoffelstärke
Salz

Zubereitung:

1. Die Kartoffeln schälen, waschen, fein reiben, in ein Tuch geben und gut ausdrücken.

2. Die ausgedrückten Kartoffeln in eine Schüssel füllen, mit dem Ei und der Kartoffelstärke vermischen und mit Salz abschmecken.

3. Reichlich Salzwasser zum Kochen bringen. Aus der Kartoffelmasse Klöße formen und ca. 15 Minuten im heißen Wasser ziehen lassen.

Kartoffelsuppe

Zutaten:
für 4 Personen

500 g Kartoffeln
2 Karotten
1 Stange Lauch
1 Stange Bleichsellerie
2 EL Sonnenblumenöl

0,75 l Instant-Gemüsebrühe
3 EL gekochte Haferkörner
1 Eigelb
50 ml süße Sahne zum Garnieren
Petersilieblättchen zum Garnieren

Zubereitung:

1. Die Kartoffeln schälen, waschen und in Stücke schneiden.

2. Die Karotten, den Lauch und den Sellerie waschen, putzen und zerkleinern.

3. Das Öl erhitzen und das Gemüse darin andünsten. Die Kartoffelstücke hinzugeben, die Gemüsebrühe angießen und das Ganze etwa 20 Minuten köcheln lassen.

4. Die Suppe leicht, aber nicht vollständig pürieren und die gekochten Haferkörner unterheben.

5. Den Topf von der Feuerstelle nehmen, das Eigelb verquirlen und an die Suppe geben.

6. Die Sahne steif schlagen und die Suppe mit der Schlagsahne und ein paar Petersilieblättchen garniert servieren.

Variante:
Ganz einfach können Sie aus der Vorspeise ein deftiges Hauptgericht werden lassen: Wiener Würstchen in Stücke geschnitten oder auch im Ganzen in der Suppe erwärmen.

Leckere Gerichte

Die Kartoffel ist so vielseitig, dass man mit ihr immer wieder neue, abwechslungsreiche Haupt- und Nebenspeisen zaubern kann. Ob als Salat, Suppe, Gratin, Tortilla, Risotto oder Omelett, die „tolle Knolle" macht auf dem Tisch immer etwas her und ihrem Namen als Grundnahrungsmittel alle Ehre.

Wir haben bewusst auch einige Rezepte ausgewählt, für die Kartoffel-Fertigprodukte verwendet werden. Schließlich hat nicht jeder die Zeit, um sich Schupfnudeln, Rösti & Co. jedes Mal selbst zuzubereiten. Natürlich können die Kochprofis unter Ihnen die Fertigprodukte jederzeit durch selbst gezauberte Kartoffelköstlichkeiten ersetzen.

Aus dem Topf

Kartoffel-Käse-Kokossuppe

Zubereitung:

1. Die Kartoffeln schälen und waschen und die Zwiebeln schälen. Beides würfeln und die Kartoffeln mit zwei Drittel der Zwiebelwürfel in vier Esslöffeln von dem Öl andünsten.

2. Den Gemüsefond angießen und das Ganze ca. 25 Minuten köcheln lassen.

3. Den Spinat nach Packungsanweisung auftauen lassen, hacken und mit den restlichen Zwiebelwürfeln in einem Esslöffel Öl andünsten.

4. Die Limetten waschen, vier dünne Scheiben von einer abschneiden und beiseitelegen. Dann die Schale abreiben und den Saft auspressen.

5. Die Chilischoten putzen, waschen und drei davon in Ringe schneiden. Den Ingwer schälen und reiben.

6. In einem Topf Limettensaft und -schale, die Chiliringe und die Kokosmilch erwärmen und den Milkana darin teelöffelweise unter Rühren auflösen.

7. Die Garnelen in dem restlichen Öl mit dem geriebenen Ingwer anbraten und die Garnelen zur Kokosmilch geben.

8. Die Kartoffeln aus dem Sud nehmen, durch eine Presse drücken, wieder zurück zum Gemüsefond in den Topf geben und die Kokosmilch mit den Garnelen und dem Spinat hinzufügen.

9. Die Suppe mit dem Zucker, Salz und Pfeffer abschmecken und nach Wunsch nochmals vorsichtig erhitzen. Anschließend die Suppe auf vier tiefe Teller verteilen, jeweils mit einer Limettenscheibe sowie einer Chilischote garnieren und servieren.

Zutaten:

für 4 Personen

800 g mehligkochende Kartoffeln
3 Zwiebeln
6 EL Öl
1 l Gemüsefond
100 g TK-Blattspinat
3 Limetten
7 Chilischoten
1 walnussgroßes Stück Ingwer
150 ml ungesüßte Kokosmilch
200 g Milkana Sahne
16–20 küchenfertige Garnelen
1 Prise Zucker
Salz
Pfeffer

Aus dem Topf

Deftiger Kartoffel-Sauerkraut-Eintopf

Zutaten:
für 4 Personen

Für den Eintopf:
400 g Kasseler ohne Knochen
100 g Speckwürfel
1 EL Butterschmalz
1 Karotte
1 Zwiebel
500 g Kartoffeln
1 rote Paprikaschote
1 Dose Sauerkraut (850 ml)
½–1 TL Ostmann Paprika edelsüß
¼–½ TL Ostmann Pfeffer weiß, gemahlen
2 EL Ostmann Universal-Grundwürzer
2 frische Bratwürste
Salz

Für das Topping:
2 Zwiebeln
1 TL Butterschmalz
¼ TL Ostmann Pfeffer weiß, gemahlen
Salz

Zubereitung:

1. Das Kasseler trocken tupfen, würfeln und mit den Speckwürfeln in dem erhitzten Schmalz anbraten.

2. Die Karotte und die Zwiebel schälen, die Kartoffeln schälen und waschen, die Paprikaschote halbieren, entkernen, waschen und alle vier Zutaten würfeln.

3. Die Gemüsewürfel und das Sauerkraut zu dem Fleisch geben und andünsten.

4. Einen Liter Wasser angießen, die Gewürze und den Universal-Grundwürzer einstreuen, das Ganze aufkochen und abgedeckt ca. 50 bis 60 Minuten garen.

5. Die Bratwurstmasse zu kleinen Klößchen herausdrücken, zehn Minuten vor Ende der Garzeit in den Eintopf geben und mitgaren.

6. Für das Topping die Zwiebeln schälen, in Ringe schneiden, in dem erhitzten Schmalz goldbraun braten, mit dem Pfeffer und Salz würzen und auf den Eintopf geben.

Tipp: Dazu schmeckt knuspriges Landbrot.

Brokkoli-Käse-cremesuppe

Zutaten:
für 4 Personen

300 g Brokkoli
½ l Gemüsebrühe oder Gemüsefond
200 g Schmelzkäse Relish
2 EL Kartoffelpüreepulver
1 Eigelb
2 Scheiben Toastbrot

10 g Knoblauchbutter
1 Tomate
Salz
Pfeffer
Muskat
gemahlener Kümmel

Zubereitung:

1. Den Brokkoli in der Gemüsebrühe bzw. dem Gemüsefond garen, zwei Brokkoliröschen beiseitelegen und die restliche Suppe anschließend fein pürieren.

2. Den Schmelzkäse hinzugeben und in der Suppe auflösen. Das Kartoffelpüree einrühren und die Suppe kurz aufkochen lassen.

3. Die Suppe vom Herd nehmen, mit dem Eigelb legieren und kräftig mit Salz, Pfeffer, Muskat und Kümmel abschmecken.

4. Das Toastbrot würfeln und in der heißen Knoblauchbutter von allen Seiten anrösten. Die Tomate waschen und in sehr kleine Würfelchen schneiden.

5. Die Suppe mit den gerösteten Toastbrot-Croûtons und den Tomatenwürfelchen bestreuen und mit den beiseitegelegten, halbierten Brokkoliröschen garniert servieren.

Kartoffel-Lauch-Suppe

Zutaten:
für 4 Personen

1 Zwiebel
1 kleine Stange Lauch
2 EL Sojaöl
¼ l Brühe
200 ml süße Sahne
1 große Kartoffel

50 g Hensel Soja-Flocken
Salz
Pfeffer aus der Mühle
Muskat
Gemüsestreifen zum Garnieren

Zubereitung:

1. Die Zwiebel schälen, den Lauch putzen und waschen. Beides in feine Ringe schneiden und in einem Topf in dem heißen Sojaöl glasig dünsten.

2. Die Brühe und 150 ml von der Sahne hinzufügen. Die Kartoffel schälen, waschen, fein würfeln, dazugeben und alles ca. zehn Minuten kochen.

3. Das Ganze im Mixer oder mit dem Rührstab pürieren, die Soja-Flocken unterrühren und mit Salz, Pfeffer und etwas Muskat abschmecken.

4. Die restliche Sahne schlagen, unter die Suppe heben und diese mit einigen Gemüsestreifen garniert servieren.

Kartoffel-Lauch-Suppe mit Äpfeln

Zubereitung:

1. Die Zwiebel schälen, die Kartoffeln schälen und waschen und beides in Würfel schneiden.

2. Den Lauch putzen, waschen und in Ringe schneiden. Die Zwiebel, die Kartoffeln und den Lauch in der erhitzten Butter andünsten.

3. Das Kölsch und die Gemüse- oder Fleischbrühe angießen und abgedeckt ca. 15 Minuten garen.

4. Den Zuckerrübensirup, den Obstessig, Sahne und das Currypulver in die Suppe geben und kurz miterhitzen.

5. Das Kasseler trocken tupfen und würfeln. Die Äpfel waschen, vierteln, entkernen, in Spalten schneiden und mit dem Zitronensaft beträufeln.

6. Das Kasseler und die Apfelspalten in die Suppe geben, weitere sechs bis acht Minuten garen und mit Salz, Pfeffer und Cayennepfeffer abschmecken.

7. Die Zitronenmelisseblättchen abzupfen, waschen und den Großteil fein hacken. Die Suppe damit bestreuen, mit den restlichen Zitronenmelisseblättchen garnieren und servieren.

Zutaten:
für 4 Personen

1 Zwiebel
300 g Kartoffeln
300 g Lauch
2 EL Butter
200 ml Kölsch-Bier
500 ml Gemüse- oder Fleischbrühe
3–4 EL Grafschafter Goldsaft Zuckerrübensirup
3–4 EL Obstessig
200 ml süße Sahne
2 EL Currypulver
200 g gekochtes Kasseler
2 säuerliche Äpfel
Saft von 1 Zitrone
Salz
frisch gemahlener Pfeffer
Cayennepfeffer
1 Bund Zitronenmelisse

Aus dem Topf

Kartoffel-Sellerie-Suppe mit Garnelen

Zutaten:
für 4 Personen

200 g Kartoffeln
100 g Knollensellerie
40 g Butter
0,75 l Gemüsebrühe
2 Knoblauchzehen

8–12 Riesengarnelen
75 g Crème fraîche (30 % Fett)
Salz
Pfeffer
Majoran

Zubereitung:

1. Die Kartoffeln und den Sellerie schälen, waschen, würfeln und in 20 g von der Butter kräftig anbraten.

2. Alles mit der Gemüsebrühe aufgießen, ca. 20 Minuten weich kochen, mit dem Pürierstab fein pürieren und die Suppe mit Salz, Pfeffer und Majoran würzen.

3. Die Knoblauchzehen schälen, grob hacken und in der restlichen Butter kurz andünsten.

4. Die Riesengarnelen hinzugeben, ganz kurz von beiden Seiten braten und dabei salzen und pfeffern.

5. Die Suppe in Suppentassen füllen, in jede Tasse etwas Crème fraîche geben und mit den Garnelen servieren.

Kartoffel-Spitzkohl-Suppe mit Pommernspieß

Zutaten:
für 4 Personen

2 Schalotten
1 kleiner Spitzkohl (ca. 300 g)
300 g Kartoffeln
1 Karotte
2 EL Speiseöl
1 l Gemüsebrühe
200 g Pommernspieß ohne Kruste

200 ml süße Sahne
Salz
frisch gemahlener Pfeffer
Muskat, gemahlen
Majoran, gerebelt
Kümmel, gemahlen
frischer Majoran zum Garnieren

Zubereitung:

1. Die Schalotten schälen und fein würfeln. Den Spitzkohl waschen, vierteln, den Strunk entfernen und den Kohl in Streifen schneiden.

2. Die Kartoffeln und die Karotte schälen, waschen und würfeln.

3. Schalotten, Kohl, Kartoffeln und Karotte in dem erhitzten Öl andünsten, die Brühe angießen und alles abgedeckt ca. 20 Minuten garen.

4. Die Suppe pürieren und mit Salz, Pfeffer, Muskat, Majoran und Kümmel abschmecken.

5. Den Pommernspieß in Streifen schneiden, die Sahne leicht anschlagen und den Großteil des Pommernspießes sowie die Hälfte der Sahne unterrühren.

6. Die Suppe in Suppentassen füllen und mit der restlichen Sahne und den übrigen Pommernspieß-Streifen garnieren. Nach Wunsch mit frischem Majoran garniert servieren.

Tipp: Dazu schmeckt frisches Baguettebrot.

Kartoffel-Steckrüben-Eintopf

Zubereitung:

1. Das Schweinefleisch unter kaltem, fließendem Wasser abwaschen, trocken tupfen, in Würfel schneiden und mit den Speckwürfeln in dem erhitzten Butterschmalz anbraten.

2. Die Zwiebeln schälen, die Kartoffeln und Steckrüben schälen und waschen und alle drei Zutaten in Würfel schneiden.

3. Die Zwiebel-, Kartoffel- und Rübenwürfel zu dem Fleisch geben, andünsten und einen Liter Wasser angießen.

4. Dann die Gewürze in den Eintopf geben, das Ganze aufkochen, abgedeckt ca. 50 Minuten garen und zum Schluss mit den Gewürzen nochmals abschmecken.

5. Für das Topping alle Zutaten miteinander verrühren und zu dem Eintopf servieren.

Zutaten:
für 4 Personen

Für den Eintopf:
400 g Schweinekamm ohne Knochen
100 g Speckwürfel
1 EL Butterschmalz
2 Zwiebeln
400 g Kartoffeln
600 g Steckrüben
1 Tüte Ostmann Suppengewürz
1–2 TL Ostmann Sellerie-Jodsalz
½–1 TL Ostmann Pfeffer schwarz, gemahlen
½–1 TL Ostmann Majoran, gerebelt

Für das Topping:
200 g Schmand
½–1 TL Ostmann Sellerie-Jodsalz
¼–½ TL Ostmann Pfeffer schwarz, gemahlen
2 EL Ostmann Petersilie, gerebelt

Kerbel-Kartoffelrahm-Suppe

Zutaten:
für 4 Personen

1 Zwiebel
1 Karotte
1 Stück Knollensellerie
½ Stange Lauch
1 Petersilienwurzel
3 EL Teutoburger Raps-Kernöl
3 mittelgroße Kartoffeln
¾ l Fleischbrühe
2 Bund Kerbel
125 g Crème fraîche
3 EL Wein
1 Prise Muskat
Salz
Pfeffer

Zubereitung:

1. Die Zwiebel schälen und fein würfeln, das Gemüse putzen, waschen, grob hacken und alles in dem heißen Öl andünsten.

2. Die Kartoffeln schälen, waschen und würfeln, zu dem Gemüse geben und mit der Brühe aufgießen. Das Ganze aufkochen und 15 Minuten köcheln lassen.

3. Den Kerbel kalt abbrausen, trocken schütteln, ein paar Blättchen zum Bestreuen beiseitelegen, den Rest fein hacken und die Hälfte davon zur Suppe geben.

4. Die Suppe mit einem Rührstab fein pürieren, die Crème fraîche unterrühren und alles fünf Minuten weiterkochen.

5. Den restlichen gehackten Kerbel unterrühren, die Suppe mit dem Wein, dem Muskat, Salz und Pfeffer abschmecken und mit den beiseitegelegten Kerbelblättchen bestreuen.

Pichelsteiner Eintopf

Zutaten:
für 4 Personen

250 g Rindfleisch
250 g Schweinefleisch
3 Zwiebeln
4 Karotten
600 g Kartoffeln
ca. 200 g Sellerie
500 g Weißkohl
2 EL Butterschmalz
½–1 TL Ostmann Kümmel, ganz
1–2 TL Ostmann Majoran, gerebelt
1–2 TL Ostmann Petersilie, gerebelt
½–1 TL Ostmann Pfeffer-Gewürzzubereitung
2 EL Ostmann Universal-Grundwürzer
Salz

Zubereitung:

1. Das Rind- und das Schweinefleisch unter kaltem, fließendem Wasser abwaschen, trocken tupfen und in Würfel schneiden.

2. Die Zwiebeln schälen und in schmale Spalten schneiden.

3. Die Karotten, die Kartoffeln und den Sellerie schälen, waschen und würfeln.

4. Den Weißkohl putzen und in Streifen schneiden.

5. Das Schmalz erhitzen, die Fleischwürfel dazugeben und anbraten. Das Gemüse hinzufügen und andünsten.

6. Das Ganze mit ¾ l Wasser angießen und die Gewürze sowie den Universal-Grundwürzer einstreuen.

7. Den Eintopf aufkochen, abgedeckt ca. 50 bis 60 Minuten garen, gegebenenfalls noch einmal abschmecken und in Suppentassen servieren.

Tipp: Dazu können Sie frisches Bauernbrot servieren.

Feuriges Kartoffelgulasch

Zutaten:
für 4 Personen

1 kg Kartoffeln
4 mittelgroße Zwiebeln
je 2 rote und grüne Paprikaschoten
2 EL Sonnenblumenöl
½ l Gemüsebrühe
etwas Kleehonig

2 EL Fuchs Paprika-Würzpaste
Fuchs Ideal-Würzer
Fuchs Cayennepfeffer, gemahlen
2 EL Crème fraîche
Fuchs Kräuter-Crispins
frische Petersilie und Chicoréeblätter zum Garnieren

Zubereitung:

1. Die Kartoffeln schälen, waschen und in grobe Würfel schneiden.
2. Die Zwiebeln schälen und in Ringe schneiden. Die Paprikaschoten vierteln, entkernen, waschen und grob würfeln.
3. Das Öl erhitzen, die Zwiebeln, Kartoffeln und Paprikaschoten dazugeben und kurz andünsten. Die Gemüsebrühe angießen und abgedeckt ca. 15–20 Minuten garen.
4. Das Gulasch mit Honig, Paprika-Würzpaste, Ideal-Würzer und Cayennepfeffer abschmecken und mit der Crème fraîche verfeinern. Mit Fuchs Kräuter-Crispins bestreuen und nach Wunsch mit frischer Petersilie und Chicoréeblättern garniert auf Tellern anrichten.

Zutaten:

für 4 Personen

300 g mehligkochende Kartoffeln
20 g Butter
2 Eigelb
50 g Speisestärke
300 g rote Paprikaschoten
300 g gelbe Paprikaschoten
200 g Tomaten
150 g Zucchini
100 g Aubergine
100 g Zwiebeln
2 Knoblauchzehen
Mehl für die Arbeitsfläche
2 Zweige Salbei
1 Zweig Rosmarin
20 g Basilikum-Pesto aus dem Glas
130 ml Olivenöl
50 ml Tomatensaft
4 küchenfertige Seelachsfilets à 180 g
Salz
weißer Pfeffer aus der Mühle

Seelachsfilet mit Ratatouille und Gnocchi

Zubereitung:

1. Die Kartoffeln schälen, waschen, in reichlich Salzwasser aufsetzen und zum Kochen bringen. Bei geschlossenem Deckel ca. 20 Minuten köcheln lassen, abgießen und durch die Kartoffelpresse drücken.

2. Die Butter in einem Topf bräunen, mit den Eigelben, der Stärke, Salz und Pfeffer zur Kartoffelmasse geben und schnell zu einem glatten Teig vermischen. Den Teig eine Stunde bei Zimmertemperatur abgedeckt ruhen lassen.

3. Den Backofen auf 250° C, Gas Stufe 6–7, Umluft 230° C vorheizen. Die Paprikaschoten vierteln, entkernen, waschen, mit der Hautseite nach oben auf ein Backblech legen und ca. 10 Minuten backen. Anschließend ein feuchtes Küchentuch darüberlegen, die Schoten häuten und in Rauten schneiden.

4. Die Tomaten am Blütenansatz über Kreuz einschneiden, kurz in kochendes Wasser geben, kalt abschrecken, häuten, vierteln und entkernen. Die Zucchini und die Aubergine waschen, putzen und zusammen mit den Tomaten in Rauten schneiden. Die Zwiebeln schälen und fein würfeln, den Knoblauch schälen und durchpressen.

5. Den Kartoffelteig auf der bemehlten Arbeitsfläche zu einer 80 cm langen Rolle formen und in 2 cm dicke Scheiben schneiden. Die Scheiben über ein gerieffeltes Gnocchibrettchen rollen oder einfach zu Gnocchi formen.

6. Den Salbei und den Rosmarin waschen, trocken schütteln und von den Stielen zupfen. Das Pesto mit 50 ml von dem Olivenöl verrühren und die Zwiebeln und den Knoblauch in weiteren 50 ml von dem Olivenöl andünsten.

7. Die Auberginen- und Zucchinirauten dazugeben und andünsten. Die Paprikarauten und den Tomatensaft unterrühren, salzen, pfeffern und sechs bis acht Minuten auf kleiner Flamme kochen lassen. Zum Schluss die Tomaten untermischen.

8. Inzwischen die Gnocchi in kochendes Salzwasser gleiten lassen und den Topf etwas von der Herdplatte ziehen. Sobald die Gnocchi aufsteigen, noch acht Minuten ziehen lassen.

9. Die Fischfilets unter kaltem, fließendem Wasser abwaschen, trocken tupfen, salzen, pfeffern und mit der Innenseite zuerst in dem restlichen heißen Öl bei starker Hitze ungefähr drei Minuten braten.

10. Dann wenden, den Salbei und das Rosmarin dazugeben und alles eine weitere Minute braten. Das Ratatouille und die Gnocchi auf Tellern verteilen. Die Fischfilets dazulegen, die gebratenen Kräuter darauf verteilen und das Pesto-Öl darüberträufeln.

Frühkartoffeln mit Frankfurter grüner Soße

Zutaten:
für 4 Personen

1 kg Drillinge (kleine Pellkartoffeln)
1 Bund gemischte Frühlingskräuter, z. B. Petersilie, Schnittlauch, Kerbel, Kresse, Bärlauch
1 kleine Zwiebel
2 hart gekochte Eier
1–2 TL Weinessig
200 g Crème fraîche
200 g Naturjoghurt
6 EL Speiseöl
1 TL mittelscharfer Senf
1–2 TL Ostmann Bärlauch-Jodsalz
½–1 TL Ostmann Gewürzter Pfeffer, Gewürzaromazubereitung
8 Scheiben Kochschinken
Zucker
Kresse und Salbei zum Garnieren

Zubereitung:

1. Die Drillinge gründlich abbürsten, waschen, in reichlich Salzwasser aufsetzen und zum Kochen bringen. Bei geschlossenem Deckel ca. 20 Minuten köcheln lassen und abgießen.

2. Die Kräuter waschen, trocken schütteln und fein hacken.

3. Die Zwiebel schälen und in kleine Würfel schneiden. Die Eier pellen, das Eiweiß fein hacken und die Eigelbe durch ein Sieb streichen.

4. Zwiebelwürfel, Eigelbe, Weinessig, Crème fraîche, Joghurt, Öl und Senf miteinander verrühren und mit dem Bärlauch-Jodsalz, dem gewürzten Pfeffer und Zucker würzig abschmecken.

5. Die Hälfte der gehackten Kräuter pürieren und mit den übrigen Kräutern, der Eigelbmischung und dem gehackten Eiweiß vermischen.

6. Die Soße mit den Kartoffeln und den Kochschinkenscheiben auf Tellern anrichten, mit Kresse und Salbei garnieren und servieren.

Tipp: Nach Wunsch können Sie die Kartoffeln noch kurz in heißer Butter schwenken.

Indisches Kartoffel-Blumenkohl-Curry

Zutaten:
für 4 Personen

1 kleiner Blumenkohl
5 festkochende Kartoffeln
2 mittelgroße Zwiebeln
2 mittelgroße Tomaten
1 Fuchs Chillies, ganz
4 TL Fuchs Indien-Würzmischung
6 EL Speiseöl
1 Prise Fuchs Ingwer, gemahlen
2 TL Fuchs Paprika edelsüß, mild
200 g tiefgefrorene Erbsen
125 g Crème fraîche
Salz

Zubereitung:

1. Den Blumenkohl putzen, waschen und in Röschen teilen. Die Kartoffeln schälen, waschen und vierteln.

2. Die Zwiebeln schälen und fein hacken. Die Tomaten waschen, vierteln und vom Stielansatz befreien.

3. Die Chilischote mit dem Mörser fein zermahlen, mit drei Teelöffeln der Indien-Würzmischung und den Zwiebeln in dem erhitzten Öl in einem Topf bei mittlerer Hitze unter ständigem Rühren vorsichtig anbraten, bis die Zwiebeln dunkelbraun sind.

4. Die Kartoffelviertel und die Blumenkohlröschen hinzufügen und alles bei mittlerer Hitze unter Rühren etwa drei Minuten anbraten.

5. Das Ingwer- und das Paprikapulver dazugeben und das Ganze weitere drei bis vier Minuten garen. Die Erbsen und die Crème fraîche zugeben, gut verrühren und ¼ Liter Wasser sowie Salz hinzufügen.

6. Das Gericht bei mittlerer Hitze etwa 20 Minuten zugedeckt kochen lassen, hin und wieder umrühren, damit das Gemüse nicht anbrennt. Kurz vor Garende die Tomatenviertel dazugeben.

7. Vor dem Servieren das Curry mit der restlichen indischen Würzmischung bestreuen.

Tipp: Nach Wunsch schmeckt dazu ein aromatischer Basmatireis.

Aus dem Topf

Neue Kartoffeln mit dreierlei Dips

Zubereitung:

1. Die Kartoffeln gründlich abbürsten, waschen, in reichlich Salzwasser aufsetzen und zum Kochen bringen. Bei geschlossenem Deckel ca. 20 Minuten köcheln lassen und abgießen.

2. Für den Quark-Radieschen-Dip die Radieschen vom Grün schneiden, putzen, waschen und in kleine Würfel schneiden.

3. Die Kresse vom Beet schneiden. Den Quark mit der Crème fraîche, den Radieschenwürfeln und der Kresse verrühren und mit den Gewürzen pikant abschmecken.

4. Für den Tomaten-Zwiebel-Dip die Tomaten waschen, halbieren, den Stielansatz und die Kerne entfernen. Die Zwiebeln und den Knoblauch schälen.

5. Die Tomaten und die Zwiebeln würfeln und den Knoblauch zerdrücken. Das Öl erhitzen, die Zwiebeln und den Knoblauch dazugeben und andünsten, die Tomaten hinzufügen, ebenfalls andünsten, alles abgedeckt ca. fünf bis zehn Minuten garen und mit den Gewürzen abschmecken.

6. Für den Frischkäse-Kräuter-Dip den körnigen Frischkäse mit den Kräutern und Gewürzen verrühren.

7. Die abgegossenen Kartoffeln nach Wunsch pellen, mit den Dips servieren und mit frischen Kräutern garnieren.

Zutaten:

für 4 Personen

800 g neue, kleine Kartoffeln
frische Kräuter zum Garnieren

Für den Quark-Radieschen-Dip:
½ Bund Radieschen
½ Beet Kresse
125 g Naturquark
50 g Crème fraîche
¼–½ TL Ostmann Knoblauch-Jodsalz
2 Msp. Ostmann Pfeffer weiß, gemahlen

Für den Tomaten-Zwiebel-Dip:
2 Fleischtomaten
2 rote Zwiebeln
1 Knoblauchzehe
1 EL Speiseöl
1–2 TL Ostmann Tomaten-Würzer
Zucker

Für den Frischkäse-Kräuter-Dip:
200 g körniger Frischkäse
3 EL gemischte, gehackte Kräuter
½–1 TL Ostmann Knoblauch-Jodsalz
½ TL Ostmann Paprika edelsüß

Aus dem Topf

Pfeffer-Reh mit Kartoffel-Kürbis-Püree

Zubereitung:

1. Das Rehfilet unter kaltem, fließendem Wasser abwaschen und trocken tupfen.

2. Für die Marinade vier Esslöffel von dem Öl mit Rotwein verrühren, den grünen Pfeffer eventuell etwas zerstoßen und zusammen mit den Knoblauch-Flocken sowie dem Salz hinzugeben. Das Rehfilet in der Marinade mindestens eine Stunde einlegen.

3. Für das Püree die Steinpilze nach Packungsanweisung einweichen.

4. Die Kartoffeln und den Kürbis schälen, die Kartoffeln waschen, bei dem Kürbis die Kerne entfernen, beides würfeln, in kochendem Salzwasser garen, abgießen und durch eine Kartoffelpresse drücken.

5. Die Sahne dazugeben und mit dem Muskat und Salz abschmecken. Die Steinpilze abtropfen lassen, klein schneiden, in der erhitzten Butter schwenken, zu dem Püree geben und warm stellen.

6. Die Filets aus der Marinade nehmen, trocken tupfen, in dem restlichen erhitzten Öl von beiden Seiten braten und ebenfalls warm stellen.

7. Den Bratensatz mit der restlichen Marinade und dem Wildfond ablöschen, etwas einreduzieren lassen, mit den Gewürzen abschmecken und eventuell mit dunklem Soßenbinder andicken.

8. Die Filets mit Soße und Püree, nach Wunsch mit frischen Kräutern und grünem, zerdrücktem Pfeffer garniert servieren.

Zutaten:
für 4 Personen

600 g Rehfilet in Medaillons
frische Kräuter und grüner, zer-
drückter Pfeffer zum Garnieren

Für die Marinade:
6 EL Speiseöl
150 ml Rotwein
1–2 TL Fuchs Grüner Pfeffer, ganz
½ –1 TL Fuchs Knoblauch-Flocken
½ TL Salz

Für das Kartoffel-Kürbis-Püree:
20 g Fuchs Steinpilze
500 g mehligkochende Kartoffeln
300 g Kürbis
100 ml süße Sahne
2 Msp. Fuchs Muskatnuss, gemahlen
1 EL Butter
Salz

Für die Soße:
100 ml Wildfond (alternativ: Brühe)
evtl. dunkler Soßenbinder
Fuchs Muskatnuss, gemahlen
Salz

Salate

Bayrischer warmer Kartoffelsalat mit Pommernspieß

Zubereitung:

1. Die Kartoffeln waschen, in reichlich Salzwasser aufsetzen und zum Kochen bringen. Bei geschlossenem Deckel ca. 20 Minuten köcheln lassen, abgießen, pellen, heiß in Scheiben schneiden und mit der Gemüsebrühe übergießen.

2. Die Zwiebeln schälen und würfeln. Den Speck in dem erhitzten Öl braten, die Zwiebelwürfel dazugeben und andünsten.

3. Den Schnittlauch waschen, trocken schütteln und in feine Röllchen schneiden.

4. Den Rucola putzen, waschen und in mundgerechte Stücke zupfen.

5. Den Essig, die Schnittlauchröllchen und den Senf verrühren und mit Salz, Pfeffer und Zucker würzen.

6. Das Ganze mit den Kartoffelscheiben, dem Rucola sowie der Speck-Zwiebel-Mischung vermengen und noch warm mit den Pommernspieß-Scheiben und dem Basilikum garniert servieren.

Zutaten:
für 4 Personen

1 kg Kartoffeln
300 ml heiße Gemüsebrühe
200 g Zwiebeln
50 g fein gewürfelter, durchwachsener Speck
2 EL Speiseöl
1 Bund Schnittlauch
1 Bund Rucola
8 EL Obstessig
je 2 EL süßer und mittelscharfer Senf
12 Scheiben Pommernspieß mit Kruste
Salz
bunter, grob geschroteter Pfeffer
Zucker
Basilikum zum Garnieren

Bärlauch-Kartoffelsalat

Zutaten:
für 4 Personen

800 g Kartoffeln
2 Äpfel
½ Glas Kühne Bärlauch-Gurken, knackig-pikant (360 ml)
je 1 rote und gelbe Paprikaschote
1 Flasche Kühne Salatfix Joghurt & Gartenkräuter (250 ml)
1 Beet Kresse
grob geschroteter Pfeffer

Zubereitung:

1. Die Kartoffeln waschen, in reichlich Salzwasser aufsetzen und zum Kochen bringen. Bei geschlossenem Deckel ca. 20 Minuten köcheln lassen, abgießen, pellen und etwas abkühlen lassen.

2. Die Äpfel waschen, vierteln und das Kerngehäuse entfernen. Die Gurken abtropfen lassen und die Paprikaschoten halbieren, entkernen und waschen.

3. Die Gurken und die Kartoffeln in Scheiben, die Äpfel in Würfel und die Paprikaschoten in Streifen schneiden.

4. Die Salatzutaten mit dem Salatfix Joghurt & Gartenkräuter vermischen und kurze Zeit durchziehen lassen.

5. Die Kresse vom Beet schneiden, den Salat damit garnieren und mit grob geschrotetem Pfeffer bestreut servieren.

Kartoffelsalat „Springtime"

Zutaten:
für 4 Personen

300 g Kartoffeln
100 g Kirschtomaten
100 g Rucola
50 g Käsestreifen
1 Glas Kühne Salatfix Vital!
Gartenkräuter-Joghurt-Dressing
(180 ml)
1 Beet Kresse
100 g Räucherlachs

Zubereitung:

1. Die Kartoffeln waschen, in reichlich Salzwasser aufsetzen und zum Kochen bringen. Bei geschlossenem Deckel ca. 20 Minuten köcheln lassen, abgießen, pellen und in Scheiben schneiden.

2. Die Kirschtomaten waschen und halbieren. Den Rucola waschen, putzen und in mundgerechte Stücke schneiden.

3. Die Kartoffelscheiben, die Tomaten, den Rucola und die Käsestreifen mit dem Joghurt-Dressing vermischen und auf einer großen Platte oder in einer Schale anrichten.

4. Die Kresse vom Beet, den Lachs in Streifen schneiden, beides als Topping auf den Salat geben und servieren.

Pikanter Kartoffelsalat

Zubereitung:

1. Die Kartoffeln waschen, in reichlich Salzwasser aufsetzen und zum Kochen bringen. Bei geschlossenem Deckel ca. 20 Minuten köcheln lassen, abgießen, noch heiß pellen, in Scheiben schneiden und mit der heißen Gemüsebrühe übergießen.

2. Die Radieschen vom Grün schneiden, putzen, waschen und in Scheiben schneiden.

3. Die Frühlingszwiebeln putzen, waschen und in Ringe schneiden.

4. Für das Dressing die Petersilie, Essig, Öl und Senf verrühren, mit den Salatzutaten vermischen und das Ganze mit Salz, Pfeffer und Zucker abschmecken.

5. Den Salat kurze Zeit lang durchziehen lassen und nach Wunsch mit glatter Petersilie garnieren.

Tipp: Dazu servieren Sie am besten Bockwürstchen.

Zutaten:
für 4 Personen

- 800 g Kartoffeln
- 100 ml Gemüsebrühe
- 1 Bund Radieschen
- 5 Frühlingszwiebeln
- 2 EL gehackte Petersilie
- 4–5 EL Kühne heller Balsamicoessig
- 6 EL Speiseöl
- 1 TL Kühne Senf, mittelscharf
- Salz
- frisch gemahlener Pfeffer
- Zucker
- glatte Petersilie zum Garnieren

Kartoffelsalat mit Rucola

Zubereitung:

1. Die Kartoffeln waschen, in reichlich Salzwasser aufsetzen und zum Kochen bringen. Bei geschlossenem Deckel ca. 20 Minuten köcheln lassen, abgießen, pellen und in Scheiben schneiden.

2. Die Paprikaschoten halbieren, entkernen, waschen und in Würfel schneiden.

3. Die Salatgurke waschen, nach Wunsch schälen, der Länge nach halbieren, die Kerne mit einem Teelöffel entfernen und die Gurkenhälften in Scheiben schneiden.

4. Den Rucola waschen, putzen und in mundgerechte Stücke zupfen. Die Kapern gut abtropfen lassen.

5. Für das Dressing alle Zutaten miteinander verrühren, mit den Salatzutaten vermischen, den Salat kurze Zeit durchziehen lassen und servieren.

Zutaten:
für 4 Personen

Für den Kartoffelsalat:
800 g neue kleine Kartoffeln
2 rote Paprikaschoten
1 kleine Salatgurke
1 Bund Rucola
1 Glas Ostmann Kapern,
frisch eingelegt (70 g)

Für das Dressing:
200 g Naturjoghurt
100 g Salatmayonnaise
4–6 EL heller Balsamicoessig
1 TL süßer Senf
1 EL mittelscharfer Senf
1 EL Senfkörner
1–1½ TL Ostmann Kräuter-Jodsalz
¼–½ TL Ostmann Pfeffer weiß,
gemahlen
Zucker

Krustenbraten mit warmem Kartoffelsalat

Zubereitung:

1. Den Backofen auf 200° C, Gas Stufe 3–4, Umluft 180° C vorheizen. Das Fleisch unter kaltem, fließendem Wasser abwaschen, trocken tupfen und mit dem Schweinebraten-Würzer einreiben.

2. Das Butterschmalz in einem Bräter zerlassen und das Fleisch mit der Schwartenseite nach unten hineinlegen.

3. Die Zwiebeln schälen und in Stücke schneiden. Die Karotten und den Sellerie schälen, waschen und in Stücke schneiden. Anschließend alles um das Fleisch herum verteilen.

4. Ca. 250 ml Wasser angießen, alles abgedeckt ca. eine Stunde im Backofen garen und eventuell etwas Wasser nachgießen.

5. Den Braten herausnehmen, die Schwarte rautenförmig einschneiden, diesmal mit der Schwarte nach oben in den Bräter zurücklegen und weitere 75 bis 90 Minuten (ca. 50 Minuten mit, die übrige Zeit ohne Deckel) garen.

6. Für den Kartoffelsalat die Kartoffeln waschen, in reichlich Salzwasser aufsetzen und zum Kochen bringen. Bei geschlossenem Deckel ca. 20 Minuten köcheln lassen, abgießen, noch warm pellen und in Scheiben schneiden.

7. Die Zwiebel schälen, fein würfeln und mit der heißen Fleischbrühe, Essig, Öl, Pfeffer, Majoran sowie Salz verrühren, zu den Kartoffelscheiben geben und alles gut durchmischen.

8. Etwa 20 Minuten vor Ende der Garzeit des Krustenbratens einen Esslöffel Salz mit einer Tasse Wasser verrühren und die Schwarte damit mehrfach bestreichen, damit sie knusprig wird. Dabei die Temperatur auf 260° C, Gas Stufe 7, Umluft 240° C heraufschalten, wenn die Schwarte noch nicht knusprig genug ist.

9. Den fertigen Braten warm stellen, den Bratensatz mit ca. 250 ml Wasser loskochen, durch ein Sieb streichen, dabei das Gemüse gut ausdrücken und die Soße mit den Gewürzen sowie dem Senf abschmecken.

10. Den Braten aufschneiden und mit der Soße und dem Kartoffelsalat sowie nach Wunsch mit etwas gerebeltem Majoran bestreut servieren.

Zutaten:
für 4 Personen

Für den Krustenbraten:
ca. 1 kg Schweineschulter mit Schwarte
3–4 TL Ostmann Schweinebraten-Würzer
40 g Butterschmalz
2 Zwiebeln
2 Karotten
1 kleines Stück Sellerie
Salz

Für den Salat und die Soße:
750 g festkochende Kartoffeln
1 Zwiebel
⅛ l heiße Fleischbrühe
2–3 EL Essig
4 EL Speiseöl
¼–½ TL Ostmann Pfeffer weiß, gemahlen
¼–½ TL Ostmann Majoran, gerebelt
Salz

Rucola-Kartoffelsalat mit marinierten Chicken Wings

Zubereitung:

1. Den Backofen auf 200° C, Gas Stufe 3–4, Umluft 180° C vorheizen.

2. Die Kartoffeln waschen, in reichlich Salzwasser aufsetzen und zum Kochen bringen. Bei geschlossenem Deckel ca. 20 Minuten köcheln lassen, abgießen, pellen, in Scheiben schneiden und mit der Fertigsoße für Kartoffelsalat vermischen.

3. Die Kirschtomaten und den Rucola waschen, die Tomaten halbieren und den Rucola putzen und in mundgerechte Stücke zupfen.

4. Die Hähnchenflügel unter kaltem, fließendem Wasser abwaschen, trocken tupfen, salzen, mit sechs Esslöffeln der Zigeunersoße bestreichen und auf einem Backblech ca. 30 Minuten garen.

5. Die Tomatenhälften und den Rucola unter die Kartoffeln mischen und den Salat mit der restlichen Zigeunersoße zu den Chicken Wings servieren.

Zutaten:
für 4 Personen

800 g Kartoffeln
1 Glas Kühne Fertigsoße für Kartoffelsalat (250 ml)
200 g Kirschtomaten
1 Bund Rucola (ca. 100 g)

800 g Hähnchenflügel
1 Flasche Kühne Zigeunersoße (250 ml)
Salz

Aus der Pfanne

Gebratener Schinkenspicker mit Kartoffelrösti

Zubereitung:

1. Die Bohnen waschen, abfädeln, in kochendem Salzwasser mit dem Bohnenkraut ca. sieben bis zehn Minuten garen und abgießen.

2. Die Zwiebel schälen, fein würfeln, mit dem Öl, Essig, Basilikum und den Gewürzen verrühren, mit den Bohnen vermischen und kalt stellen.

3. Die Kartoffeln schälen, waschen, grob raspeln, in ein Tuch geben, die Flüssigkeit herausdrücken und die Kartoffelmasse mit Salz, etwas Pfeffer und Muskat würzen.

4. Für den Bierteig Mehl, Ei, Bier und Schnittlauchröllchen gut verrühren und ca. zehn Minuten quellen lassen.

5. Das Öl erhitzen, die Kartoffelmasse in die Pfanne geben, mit einem Löffel flach zu kleinen Rösti formen und von beiden Seiten knusprig goldbraun braten.

6. Den Schinkenspicker durch den Bierteig ziehen und in dem erhitzten Öl ebenfalls goldbraun braten.

7. Die Balsamicobohnen abschmecken, mit den Schinkenspickern und den Rösti anrichten und nach Wunsch mit frischen Kräutern garniert servieren.

Zutaten:
für 4 Personen

Für die Balsamicobohnen:
600 g grüne Bohnen
2 Zweige Bohnenkraut
1 Zwiebel
3 EL Walnussöl
5 EL heller Balsamicoessig
2 EL geschnittene Basilikumblättchen
Salz
frisch gemahlener Pfeffer
Zucker

Für die Kartoffelrösti:
1 kg Kartoffeln
Salz
frisch gemahlener Pfeffer
Muskat, gemahlen

Für den Bierteig:
125 g Mehl
1 Ei
125 ml (alkoholfreies) Bier
1 EL Schnittlauchröllchen

Außerdem:
Speiseöl zum Braten
4 dicke Scheiben Schinkenspicker „deftig" (ca. 1 cm dick)
frische Kräuter zum Garnieren

Gefüllte Kartoffeln „Bistro"

Zubereitung:

1. Die Kartoffeln gründlich abbürsten, waschen, der Länge nach in ca. 1 bis 2 cm dicke Scheiben schneiden, diese ca. fünf bis zehn Minuten in kochendem Salzwasser vorgaren und abgießen.

2. Den Kochschinken und den Käse in der Größe der Kartoffelscheiben zuschneiden. Die Hälfte der Kartoffelscheiben mit Schinken und Käse belegen und mit der gerebelten Petersilie bestreuen.

3. Mit den übrigen Kartoffelscheiben abdecken, salzen, pfeffern, erst in dem Mehl, dann in den verquirlten Eiern und anschließend in dem Paniermehl wenden.

4. Das Öl in einer beschichteten Pfanne erhitzen und die gefüllten Kartoffeln von beiden Seiten goldbraun braten.

5. Für die Rucola-Remoulade die Zwiebel schälen und mit den Gurken in feine Würfel schneiden. Den Rucola waschen, putzen und den Großteil grob hacken.

6. Die Mayonnaise und den Joghurt verrühren, die Zwiebel, die Gurken und den gehackten Rucola hinzufügen und das Ganze mit dem Tzatziki-Würzsalz und dem Ideal-Würzer abschmecken.

7. Die gefüllten Kartoffeln mit der Rucola-Remoulade servieren und alles mit den restlichen Rucolablättern garnieren.

Zutaten:
für 4 Personen

Für die Kartoffeln:
3 große, festkochende Kartoffeln à ca. 150 g
5 dünne Scheiben Kochschinken
5 dünne Scheiben pikanter Käse, z. B. Emmentaler
1–2 TL Fuchs Petersilie, gerebelt
½ TL Fuchs Kräutersalz mit Meersalz
2–3 Msp. Fuchs Pfeffer weiß, gemahlen
3 EL Mehl
2 Eier
100 g Paniermehl
2 EL Speiseöl

Für die Rucola-Remoulade:
1 kleine Zwiebel
2 kleine Gewürzgurken
½ Bund Rucola
100 g Mayonnaise
100 g Naturjoghurt
1 TL Fuchs Tzatziki-Würzsalz
½–1 TL Fuchs Ideal-Würzer

Aus der Pfanne

Seelachsfilet mit Kartoffel-Zucchini-Schuppen

Zutaten:
für 4 Personen

2 Fenchelknollen
1 unbehandelte Orange
50 g Butter
4 Seelachsfilets à 150 g
4 mittelgroße Kartoffeln

1 kleine Zucchini
Salz
Pfeffer aus der Mühle
Orangenspalten zum Garnieren

Zubereitung:

1. Die Fenchelknollen putzen, waschen und in Scheiben schneiden. Ein wenig von dem Fenchelgrün für die Garnierung beiseitelegen.

2. Die Orange heiß waschen, trocken reiben und mit einem Zestenreißer die Orangenschale abziehen. Anschließend die Orange auspressen.

3. Die Hälfte der Butter in einer großen Pfanne erhitzen, die Fenchelscheiben darin von beiden Seiten anbraten und leicht salzen und pfeffern.

4. Die Orangenzesten und den Orangensaft hinzufügen und alles ca. sieben Minuten bei mittlerer Hitze dünsten.

5. Inzwischen die Seelachsfilets unter kaltem, fließendem Wasser abwaschen, trocken tupfen, salzen und pfeffern.

6. Die Kartoffeln schälen, waschen und in hauchdünne Scheiben schneiden. Die Zucchini waschen, putzen und ebenfalls in dünne Scheiben schneiden.

7. Die Seelachsfilets mit den Kartoffel- und Zucchinischeiben auf der Oberseite schuppenförmig belegen und fest andrücken.

8. Die restliche Butter in einer beschichteten Pfanne erhitzen und die Fischfilets mit der Gemüseauflage nach unten ca. fünf Minuten bei mittlerer Hitze darin garen.

9. Dann das Ganze vorsichtig wenden, weitere zwei Minuten garen und die Zucchini-Kartoffel-Schuppen leicht salzen und pfeffern.

10. Den Seelachs mit den Fenchelscheiben auf Tellern anrichten, mit Fenchelgrün und ein paar Orangenspalten garnieren und servieren.

Kartoffel-Kräuterbutter-Tortilla

Zutaten:
für 4 Personen

1 kg mehligkochende Kartoffeln
1 Bund Frühlingszwiebeln
60 g Meggle Kräuter-Butter Original
6 Eier
Salz
Pfeffer

Zubereitung:

1. Die Kartoffeln schälen, waschen und in kleine Würfel schneiden.

2. Die Frühlingszwiebeln putzen, waschen und in schmale Ringe schneiden.

3. In einer großen, möglichst beschichteten Pfanne die Kräuterbutter erhitzen. Die Kartoffelwürfel mit den Frühlingszwiebelringen darin bei mittlerer Hitze 25 Minuten garen und mit Salz und Pfeffer würzen.

4. Die Eier in einer Schüssel gut verquirlen und auf die Kartoffeln in der Pfanne gießen. Das Ganze bei milder Hitze etwa 15 Minuten stocken lassen, dann wenden, wieder in die Pfanne gleiten und weitere zehn Minuten fertig garen lassen.

5. Die Tortilla in Tortenstücke schneiden und warm oder kalt servieren.

Tipp: Dazu passt eine Tomatensoße oder Salat.

Kartoffelomelett mit Fleischwurst

Zutaten:
für 4 Personen

800 g Pellkartoffeln
5 EL Sonnenblumenöl
2 Zwiebeln
250 g Fleischwurst (Lyoner)
3 Tomaten
3 Frühlingszwiebeln
4 Eier

100 g Schmand
Salz
Pfeffer
Majoran
Muskat
Schnittlauchröllchen zum Garnieren

Zubereitung:

1. Die Pellkartoffeln schälen, würfeln und in dem heißen Sonnenblumenöl anbraten. Die Kartoffeln zugedeckt weiterbraten, bis sie etwas Farbe bekommen, und dabei mehrmals wenden.

2. Inzwischen die Zwiebeln schälen und würfeln. Die Fleischwurst in Scheiben schneiden und diese nochmals quer durchschneiden.

3. Die Tomaten waschen und in Achtel, die Frühlingszwiebeln putzen, waschen und in fingerdicke Stücke schneiden.

4. Zwiebeln, Fleischwurst, Tomaten und Frühlingszwiebeln zu den Kartoffeln geben und schön bräunen lassen.

5. Währenddessen die Eier mit dem Schmand verquirlen und mit Salz, Pfeffer, Majoran und Muskat pikant abschmecken.

6. Die Eiermasse über die Kartoffeln gießen, stocken lassen und das Omelett mit Schnittlauchröllchen bestreut servieren.

Kartoffeltortilla

Zutaten:
für 4 Personen

6 Kartoffeln (ca. 450 g)
2 Zwiebeln
3 EL Olivenöl
¼ TL Fuchs Pfeffer schwarz, gemahlen
1 rote Paprikaschote

6 Eier
3 EL gehackter, frischer Schnittlauch
1 TL Fuchs Ideal-Feinwürzer mit Paprika
2 TL Fuchs Mexico-Würzmischung
Salz

Zubereitung:

1. Die Kartoffeln schälen, waschen und in feine Scheiben schneiden.

2. Die Zwiebeln schälen, fein hacken, zusammen mit den Kartoffelscheiben in zwei Esslöffeln von dem erhitzten Olivenöl ca. 10 bis 15 Minuten braten und mit dem Pfeffer sowie Salz würzen.

3. Die Paprikaschote halbieren, entkernen, waschen und in kleine Würfel schneiden.

4. Die Eier mit zwei Esslöffeln von dem gehackten Schnittlauch verquirlen und mit dem Ideal-Feinwürzer sowie der Mexico-Würzmischung pikant würzen.

5. Die Kartoffelscheiben, die Paprikawürfel und die Eimasse mischen, wieder in die Pfanne mit dem restlichen erhitzten Olivenöl geben und die Masse bei geringer Hitze ca. fünf Minuten abgedeckt stocken lassen.

6. Die Tortilla mit dem restlichen Schnittlauch bestreuen.

Tipp: Dazu können Sie einen frischen, gemischten Salat reichen.

Konfetti-Puffer „Wichtelspaß"

Zubereitung:

1. Für den Curry-Dip die Pfirsichhälften in kleine Würfel schneiden und mit dem Joghurt und dem Currypulver verrühren. Den Dip mit Salz, Pfeffer und Zucker abschmecken.

2. Für die Konfetti-Puffer die Paprikaschoten halbieren, entkernen, waschen und in feine Würfel schneiden.

3. Die Karotte und die Zucchini putzen, die Karotte schälen, beides waschen und raspeln.

4. Die Putenschnitzel unter kaltem, fließendem Wasser abwaschen, trocken tupfen, in Streifen schneiden und mit Salz und Pfeffer würzen.

5. Den Kartoffelpufferteig mit Paprikawürfeln, Karotten- und Zucchiniraspeln, Ei und Milch verrühren und mit Salz und Pfeffer würzen.

6. Den Teig esslöffelweise in einer Pfanne in etwas erhitztem Öl von beiden Seiten zu kleinen Puffern abbacken. Die Putenstreifen in etwas Öl braten und zu den Konfetti-Puffern mit Dip servieren. Nach Wunsch mit etwas Basilikum garnieren.

Zutaten:
für 6 Personen

Für den Curry-Dip:
1 Pfirsichhälfte (Konserve)
200 g Naturjoghurt
1 TL Currypulver
Salz
frisch gemahlener Pfeffer
Zucker

Für die Konfetti-Puffer mit Putenstreifen:
je 1 kleine rote und gelbe Paprikaschote
1 kleine Karotte
1 kleine Zucchini (ca. 100 g)
600 g Putenschnitzel
1 Beutel Henglein Kartoffel-pufferteig (750 g)
1 Ei
5 EL Milch
Speiseöl zum Braten
Salz
frisch gemahlener Pfeffer
Basilikum zum Garnieren

Mediterrane Gemüsepfanne „Toskana"

Zutaten:
für 4 Personen

750 g geschälte Kartoffeln
800 g gemischtes Gemüse (z. B. Fenchel, Paprika, Zucchini, Tomaten, rote Zwiebeln)

4 EL Olivenöl
2 Packungen Beltane biofix für Toskana-Gemüse (aus dem Bioladen)

Zubereitung:

1. Die Kartoffeln schälen, waschen und in Stücke schneiden.

2. Das Gemüse putzen und waschen und die Zwiebeln schälen. Den Fenchel in Stücke, die Paprikaschoten in Streifen, die Zucchini und die Tomaten in Scheiben und die Zwiebeln in Achtel schneiden.

3. Das Olivenöl zusammen mit der Würzmischung 1 (kleiner Beutel) in eine Pfanne geben und anschließend erhitzen.

4. Sobald die Gewürze ihren Duft verströmen, das Gemüse und die Kartoffeln hinzugeben und kräftig anbraten.

5. 300 ml Wasser dazugeben, die Würzmischung 2 (großer Beutel) einrühren, bei geschlossenem Deckel ca. 20 Minuten garen und gelegentlich umrühren.

6. Die Gemüsepfanne auf Tellern verteilen und servieren.

Tipp: Dazu passt Ciabattabrot oder geröstetes Baguette.

Mini-Rösti

Zutaten:
für 30 Stück

1 Zwiebel
50 g Margarine
350 g Kartoffeln
1 TL Fuchs Bratkartoffel-Würzer
125 g Crème fraîche
Saft von ½ Zitrone
2 TL Fuchs Let's-dip-Tzatziki

Zum Garnieren:
frischer Schnittlauch
15 schwarze Oliven

Zubereitung:

1. Die Zwiebel schälen, fein hacken und zusammen mit der Hälfte der Margarine in einer Pfanne andünsten.

2. Die Kartoffeln schälen, waschen, raspeln und zu der gedünsteten Zwiebel geben.

3. Dann die Kartoffeln mit dem Bratkartoffel-Würzer würzen und so lange weiterdünsten, bis die Kartoffelraspel gar sind. Die Pfanne vom Herd nehmen und die Röstimasse abkühlen lassen.

4. Mit zwei Teelöffeln portionsweise kleine Kugeln von der Röstimasse abnehmen, zu kleinen Röstitalern formen und mit der restlichen Margarine von jeder Seite goldbraun backen.

5. Die Crème fraîche mit dem Zitronensaft vermengen und den Tzatziki unterrühren.

6. Mit einem Teelöffel kleine Crème-fraîche-Häubchen auf die Mini-Rösti geben und diese mit frischem Schnittlauch und den halbierten schwarzen Oliven garniert servieren.

Pommersches Kartoffelrisotto

Zutaten:
für 4 Personen

1,2 kg Kartoffeln
2 Karotten
4 Schalotten
2–3 EL Butter
ca. 200–300 ml Gemüsebrühe
ca. 100 ml Weißwein
200 g pikanter Hartkäse
4 EL steif geschlagene süße Sahne
je 2 EL Schnittlauchröllchen und Petersilie

400 g Pommersche mit Apfel und Zwiebel
Mehl zum Wenden
1–2 EL Butterschmalz
Salz
frisch gemahlener Pfeffer
Muskat
frischer Schnittlauch und ein paar Apfelspalten zum Garnieren

Zubereitung:

1. Die Kartoffeln und die Karotten schälen und waschen, die Schalotten schälen und alle drei Zutaten in Würfel schneiden.

2. Die Butter erhitzen und die Schalotten-, Kartoffel- und Karottenwürfel darin andünsten.

3. Die Brühe und den Wein nach und nach angießen und das Ganze ca. 15 bis 20 Minuten garen.

4. Die eine Hälfte des Käses reiben, die andere Hälfte hobeln. Den Risotto mit der Sahne und dem geriebenen Käse verfeinern und mit dem Schnittlauch, der Petersilie, Salz, Pfeffer und Muskat abschmecken.

5. Die Pommersche in ca. 1 cm dicke Scheiben schneiden, in Mehl wenden und in dem erhitzten Butterschmalz goldbraun braten.

6. Den Risotto und die Pommersche auf Tellern anrichten, den gehobelten Käse darüberstreuen und mit frischem Schnittlauch sowie ein paar Apfelspalten garniert servieren.

Quark-Kartoffel-Keulchen mit Pflaumenkompott

Zubereitung:

1. Für die Quark-Kartoffel-Keulchen die Rosinen mit dem Rumaroma mischen und kurz durchziehen lassen.

2. Die geschälten und gekochten Kartoffeln durchpressen und mit den Rum-Rosinen, dem Quark, Mehl, Ei, Vanillezucker und Zucker vermischen und auf einer bemehlten Arbeitsfläche zu einem glatten Teig verkneten.

3. Den Teig zu kleinen Kugeln formen, flach drücken und in dem erhitzten Öl langsam goldbraun ausbacken.

4. Für das Kompott die Pflaumen abtropfen lassen, den Saft dabei auffangen und mit dem Tortenguss verrühren.

5. Die Saftmischung aufkochen, die Pflaumen unterrühren, nach Wunsch mit Zucker süßen und mit dem Pflaumenmus-Gewürz abschmecken.

6. Die Quark-Kartoffel-Keulchen mit dem Pflaumenkompott und mit Puderzucker bestäubt servieren.

Zutaten:
für 4 Personen

Für die Quark-Kartoffel-Keulchen:
50 g Rosinen
⅓ Fläschchen Ostmann Rumaroma
340 g mehlige, gekochte Kartoffeln
250 g Natur-Magerquark
170 g Mehl
1 Ei
1 TL Ostmann Vanillezucker mit echter Bourbon-Vanille
50 g Zucker

Mehl für die Arbeitsfläche
Öl zum Braten

Für das Pflaumenkompott:
1 Glas Pflaumen (370 ml)
½ Päckchen roter Tortenguss
1 Msp. Ostmann Pflaumenmus-Gewürz
Zucker
Puderzucker zum Garnieren

Rösti mit Chili-Geschnetzeltem

Zubereitung:

1. Die Steinpilze nach Packungsanweisung einweichen. Die Karotten schälen, waschen und schräg in Scheiben schneiden.

2. Das Fleisch unter kaltem, fließendem Wasser abwaschen, trocken tupfen, in Streifen schneiden und in dem erhitzten Öl anbraten.

3. Die Zwiebeln schälen, vierteln, mit den Karottenscheiben und den abgetropften Steinpilzen zu dem Fleisch geben und andünsten.

4. Den Wildfond, den grünen Pfeffer und die Chillies-Flocken hinzufügen und abgedeckt bei mittlerer Hitze ca. 30 bis 45 Minuten garen.

5. Für die Rösti die Kartoffeln schälen, die Zucchini putzen, beides waschen, grob raspeln und gut ausdrücken.

6. Die Eigelbe und das Mehl unterrühren und mit dem Knoblauch und dem Kräutersalz würzen.

7. Das Öl in einer Pfanne erhitzen, den Teig esslöffelweise hineingeben, etwas flach drücken und von beiden Seiten goldbraune Rösti ausbacken.

8. Das Chili-Geschnetzelte mit der Sahne verfeinern, mit den Gewürzen abschmecken, eventuell mit dunklem Soßenbinder andicken und zu den Rösti, nach Wunsch mit Chillies-Flocken bestreut und mit frischen Kräutern garniert, servieren.

Zutaten:
für 4 Personen

Für das Geschnetzelte:
20 g Fuchs Steinpilze
200 g Karotten
600 g Wildschweinbraten
2 EL Speiseöl
200 g Zwiebeln
400 ml Wildfond (alternativ: Gemüsebrühe)
2 TL Fuchs Grüner Pfeffer, ganz
½–1 TL Fuchs Chillies-Flocken
200 ml süße Sahne
evtl. dunkler Soßenbinder
frische Kräuter zum Garnieren

Für die Zucchini-Rösti:
300 g Kartoffeln
1 große Zucchini
2 Eigelb
2 EL Mehl
1 TL Fuchs Knoblauch granuliert
½–1 TL Fuchs Kräutersalz mit Meersalz
2 EL Speiseöl

Aus der Pfanne

Schinkenspicker-Mühlenomelett

Zubereitung:

1. Die Kartoffeln in Scheiben schneiden. Die Zwiebeln schälen und mit dem Schinkenspicker und den Gurken in Würfel schneiden.

2. Die Eier mit dem Mineralwasser und den Kräutern verquirlen und mit dem Salz, Pfeffer und Paprikapulver würzen.

3. Die Butter in einer Pfanne zerlassen, die Zwiebelwürfel darin andünsten und drei Viertel davon herausnehmen.

4. Je ein Viertel der Kartoffeln, des Schinkenspickers und der Gurken dazugeben, ein Viertel der Eimasse angießen, den Deckel auflegen und die Eimasse bei schwacher Hitze langsam stocken lassen.

5. Das herzhafte Omelett herausnehmen und aus der restlichen Eimasse drei weitere Omeletts zubereiten.

6. Die Omeletts auf ein Backblech geben, mit dem geriebenen Käse bestreuen und im vorgeheizten Backofen bei 180° C, Gas Stufe 2–3, Umluft 160° C kurz überbacken, bis der Käse zerlaufen ist.

7. Nach Wunsch mit frischen Kräutern garniert servieren.

Tipp: Reichen Sie dazu einen leckeren Tomatensalat.

Zutaten:
für 4 Personen

500 g gegarte Pellkartoffeln
2 Zwiebeln
200 g Schinkenspicker „klassisch"
2 Gewürzgurken
8 Eier
8 EL Mineralwasser
1 EL gehackte Petersilie
1 EL Schnittlauchröllchen
½ TL Salz
ca. 2 EL Butter
100 g geriebener Bauerngouda
frisch gemahlener Pfeffer
Paprikapulver
frische Kräuter zum Garnieren

Aus der Pfanne

Schnitzel-Klassiker mit Bratkartoffeln

Zubereitung:

1. Die Schnitzel unter kaltem, fließendem Wasser abwaschen, trocken tupfen und mit dem Kotelett- und Schnitzel-Würzer bestreuen.

2. Die Kartoffeln pellen und in Scheiben schneiden. Die Zwiebel schälen, würfeln und mit den Speckwürfeln in etwas erhitztem Öl anbraten.

3. Die Kartoffeln dazugeben, goldbraun braten und mit dem Bratkartoffel-Würzer würzen.

4. Das restliche Öl in einer zweiten Pfanne erhitzen und die Schnitzel knusprig braun braten.

5. Den grünen Salat putzen, waschen und klein zupfen. Die Radieschen vom Grün schneiden, mit den Tomaten waschen, die Tomaten achteln und die Radieschen in Scheiben schneiden.

6. Die Salatkräuter in Öl mit dem Essig verrühren und mit dem Pfeffer und Zucker abschmecken.

7. Die Salatsoße mit dem grünen Salat, den Radieschenscheiben und den Tomatenachteln vermischen und den Salat zu den Schnitzeln und den Bratkartoffeln servieren.

Zutaten:

für 4 Personen

4 Schweineschnitzel à ca. 120 g
2 TL Ostmann Kotelett- und Schnitzel-Würzer
600 g gekochte Pellkartoffeln
1 Zwiebel
80 g Speckwürfel
2 EL Speiseöl
1–2 TL Ostmann Bratkartoffel-Würzer

Für den Salat:
1 kleiner grüner Salat
1 Bund Radieschen
2 Tomaten
1–2 EL Ostmann Salatkräuter in Öl
3–4 EL Balsamicoessig
¼ TL Ostmann Pfeffer weiß, gemahlen
Zucker

Aus der Pfanne

Zutaten:

für 4 Personen

Für die Mandelkartoffeln:
40 g gehackte californische Mandeln
Fett für das Blech
800 g mittelgroße festkochende Kartoffeln
2 EL Öl
Salz

Für die Hackbällchen:
3 Frühlingszwiebeln
1 Knoblauchzehe
1 rote Pfefferschote
400 g mageres Rinderhackfleisch
30 g Semmelbrösel
1 TL Paprikapulver edelsüß
Salz
Pfeffer

Für die Tomatensalsa:
250 g Tomaten
1 kleine gelbe Paprikaschote (120 g)
1 unbehandelte Zitrone
1 Knoblauchzehe
Salz
Pfeffer
frische Kräuter zum Garnieren

Aus dem Ofen

Kalifornische Ofenkartoffeln mit Hackbällchen

Zubereitung:

1. Für die Mandelkartoffeln die californischen Mandeln und einen Teelöffel Salz auf ein leicht gefettetes Backblech streuen.

2. Die Kartoffeln gründlich abbürsten, waschen, längs halbieren, mit dem Öl bepinseln, mit der Schnittfläche auf die californischen Mandeln setzen und im vorgeheizten Backofen bei 180° C, Gas Stufe 2–3, Umluft 160° C 30 Minuten backen.

3. Für die Hackbällchen die Frühlingszwiebeln putzen, waschen und das Grün in feine Ringe schneiden. Die Ringe für die Salsa abgedeckt beiseitestellen und die weißen Teile der Frühlingszwiebeln würfeln.

4. Den Knoblauch schälen und durchpressen, die Pfefferschote waschen, längs halbieren, entkernen und fein würfeln.

5. Das Hackfleisch in einer Schüssel mit den Semmelbröseln, den Frühlingszwiebelwürfeln, dem Knoblauch, der Pfefferschote, dem Paprikapulver, Salz und Pfeffer zu einem glatten Teig verkneten.

6. Aus dem Teig 16 Bällchen formen, zwischen die Kartoffeln setzen und im vorgeheizten Backofen bei 220° C, Gas Stufe 4–5, Umluft 200° C weitere 15 Minuten backen.

7. Für die Salsa die Tomaten waschen, quer halbieren und entkernen. Die Hälften in kleine Würfel schneiden und auf Küchenkrepp abtropfen lassen.

8. Die Paprikaschote halbieren, entkernen, waschen und fein würfeln. Die Zitrone heiß waschen, gründlich abtrocknen und einen Esslöffel von der Schale abhobeln.

9. Zwei Esslöffel Zitronensaft auspressen und mit der Zitronenschale, Salz und Pfeffer verrühren. Den Knoblauch schälen, dazupressen und die Tomaten, Paprikawürfel und Frühlingszwiebelringe unterheben.

10. Die Salsa mit den Mandelkartoffeln und den Hackbällchen servieren und mit frischen Kräutern garnieren.

Tipp: So lässt sich eine Pfefferschote ganz einfach entkernen: Erst längs halbieren, dann Kerne und Trennwände mit einem Teelöffel herausschaben.

Fischgratin auf Frühlingsart

Zubereitung:

1. Die Fischfilets unter kaltem, fließendem Wasser abwaschen, trocken tupfen und in mundgerechte Stücke schneiden.

2. Die Kartoffeln schälen, waschen, halbieren, in reichlich Salzwasser aufsetzen und zum Kochen bringen. Bei geschlossenem Deckel ca. 20 Minuten köcheln lassen und abgießen.

3. Die Frühlingszwiebeln putzen, waschen und schräg in Scheiben schneiden. Die Karotte putzen, schälen, waschen und fein würfeln.

4. Den Backofen auf 200° C, Gas Stufe 3–4, Umluft 180° C vorheizen.

5. Die Karottenwürfel in der Butter kurz andünsten, den Safran hinzugeben und mit dem Fischfond ablöschen.

6. Den Milkana unterrühren und das Ganze so lange rühren, bis sich der Käse aufgelöst hat. Dann mit Salz und Pfeffer kräftig abschmecken.

7. Die Fischstücke, die Kartoffeln und die Frühlingszwiebeln in einer feuerfesten Form verteilen, mit der Karotten-Käse-Soße begießen, mit dem Parmesan bestreuen und ca. 20 Minuten goldgelb gratinieren. Zum Schluss das Gratin nach Wunsch mit frischen Kräutern garniert servieren.

Tipp: Dazu schmecken ein gemischter Blattsalat und Olivenciabatta.

Zutaten:

für 4 Personen

400 g Lachsfilet
400 g Pangasiusfilet
300 g kleine, festkochende Kartoffeln
1 Bund Frühlingszwiebeln
1 Karotte
1 EL Butter
1 Tütchen Safran
150 ml Fischfond
200 g Milkana Cremig Leicht
4 EL geriebener Parmesan
Salz
Pfeffer aus der Mühle
frische Kräuter zum Garnieren

Aus dem Ofen

Hähnchenbrust „Lissabon"

Zutaten:
für 4 Personen

600 g kleine, gegarte Pellkartoffeln
4 Hähnchenbrustfilets à ca. 120 g
1 Glas getrocknete, in Öl eingelegte Tomaten (370 ml)
1 Glas eingelegte Schafskäsewürfel (370 ml)
2 TL Fuchs Schalotten, gefriergetrocknet
1–2 EL Fuchs Oregano, gerebelt
½–1 TL Fuchs Kräutersalz
½–1 TL Fuchs Knoblauch-Pfeffer-Würzer
1 Glas grüne Oliven (140 ml)
frische Kräuter zum Garnieren

Zubereitung:

1. Den Backofen auf 200° C, Gas Stufe 3–4, Umluft 180° C vorheizen.

2. Die Kartoffeln pellen, die Hähnchenbrustfilets unter fließendem, kaltem Wasser abwaschen, trocken tupfen und beides in eine große Auflaufform geben.

3. Die Tomaten und den Schafskäse abtropfen lassen, dabei fünf Esslöffel Öl auffangen, mit den Schalotten und dem Oregano verrühren und mit dem Kräutersalz und dem Knoblauch-Pfeffer-Würzer würzen.

4. Die Kartoffeln und die Hähnchenbrust damit beträufeln und im Backofen ca. 30 bis 40 Minuten garen.

5. Die Oliven abtropfen lassen und ca. zehn Minuten vor Ende der Garzeit mit dem Schafskäse und den Tomaten dazugeben. Zum Schluss nach Wunsch mit frischen Kräutern garniert servieren.

Tipp: Dazu schmeckt ein Kräuterdip.

Kartoffelcrostini mit Rauchkäse

Zubereitung:

1. Die Kartoffeln gründlich abbürsten, waschen und quer in ca. 1 cm dicke Scheiben schneiden.

2. In einer beschichteten Pfanne zwei Esslöffel von dem Olivenöl erhitzen, die Kartoffelscheiben hineinlegen und bei mittlerer bis schwacher Hitze etwa sieben Minuten braten.

3. Die Kartoffeln salzen, wenden und noch einmal sieben bis acht Minuten braten, bis sie weich und gebräunt sind.

4. Inzwischen die Tomaten waschen, vom Stielansatz befreien und in sehr kleine Würfel schneiden. Den Käse ebenfalls würfeln.

5. Den Rucola putzen, waschen, trocken schütteln und fein hacken.

6. Die Tomaten- und Käsewürfel mit dem Rucola und dem restlichen Olivenöl verrühren. Den Backofengrill vorheizen. Die Kartoffelscheiben nebeneinander auf das Backblech legen und mit der Käsemischung bedecken.

7. Die Scheiben zwei bis drei Minuten in den Backofen schieben, bis der Käse zerläuft, und die Kartoffelcrostini warm servieren. Dazu passt gemischter Blattsalat mit Kräuterdressing.

Tipp: Sie können die Kartoffelcrostini auch mit gekochten Kartoffeln zubereiten. Diese pellen, in 1 cm dicke Scheiben schneiden und auf das mit Olivenöl bestrichene Blech legen. Dann mit der Käsemasse bedecken und bei 250° C, Gas Stufe 6–7, Umluft 230° C vier bis fünf Minuten im Ofen überbacken und heiß werden lassen.

Zutaten:

für 4 Personen

500 g große, dicke, vorwiegend festkochende Kartoffeln
2 ½ EL Olivenöl
100 g feste, reife Tomaten
100 g Basils Original Rauchkäse Chili/Paprika
¼ Bund Rucola
Salz

Hokiauflauf mit Kartoffeln und Spinat

Zubereitung:

1. Das Hokifilet auftauen lassen. Den Knoblauch und die Zwiebeln schälen und würfeln.

2. Die Hälfte der Butter in einer Pfanne erhitzen und die Knoblauch- und Zwiebelwürfel darin glasig dünsten.

3. Den Spinat hinzufügen, bei geringer Hitze andünsten und kräftig mit Salz und Pfeffer abschmecken.

4. Die Kartoffeln schälen, waschen und in feine Scheiben hobeln.

5. Die aufgetauten Hokifilets unter kaltem, fließendem Wasser abwaschen, trocken tupfen und mit Salz und Pfeffer würzen.

6. Eine flache Auflaufform mit der restlichen Butter einfetten. Zuerst die Hälfte der Kartoffelscheiben in die Auflaufform geben und mit Salz und Pfeffer würzen.

7. Dann die Fischfilets auf die Kartoffelscheiben geben und anschließend den Spinat darauf verteilen.

8. Die restlichen Kartoffelscheiben daraufschichten und die Sahne darübergießen. Im vorgeheizten Backofen bei 180° C, Gas Stufe 2–3, Umluft 160° C 20 Minuten backen.

9. Zwischenzeitlich den Käse reiben, den Auflauf nach Ablauf der Backzeit damit bestreuen und weitere 20 bis 25 Minuten backen. Auf Tellern verteilen und servieren.

Zutaten:
für 4 Personen

600 g tiefgefrorenes Hokifilet
2 Knoblauchzehen
1 Zwiebel
50 g Butter
400 g tiefgefrorener Blattspinat

600 g Kartoffeln
200 ml süße Sahne
100 g mittelalter Gouda
Salz
Pfeffer

Aus dem Ofen

Kartoffel-Grieß-Taler „Florentine"

Zubereitung:

1. Die Kartoffeln pellen und durchpressen. Die Knoblauchzehen schälen und zerdrücken. Die Schalotten schälen, würfeln und mit dem Knoblauch in 20 g von der Butter dünsten.

2. Den Spinat auftauen, ausdrücken, zu den Schalotten geben und ca. drei Minuten mitdünsten.

3. 50 g von dem Käse untermischen, pikant mit Salz, Pfeffer, Muskat und Cayennepfeffer abschmecken und das Ganze abkühlen lassen.

4. Die Kartoffelmasse mit dem Eigelb und dem Grieß zu einem glatten Teig verarbeiten und pikant würzen.

5. Auf die Arbeitsfläche ein sauberes Baumwolltuch legen, mit Grieß bestreuen und den Teig ca. ½ cm dick zu einem Rechteck (20 × 25 cm) ausrollen.

6. Den Teig mit dem Ei bestreichen, die abgekühlte Spinatmasse darauf verteilen, mithilfe des Tuches aufrollen, in das Tuch wickeln und dieses mit Küchengarn zubinden.

7. Die Kartoffel-Grieß-Rolle in kochendes Salzwasser geben und ca. 30 Minuten bei schwacher Hitze gar ziehen lassen.

8. Die Teigrolle herausnehmen, das Tuch entfernen, die Rolle in ca. 1 ½ cm dicke Scheiben schneiden und in eine mit der restlichen Butter gefettete Auflaufform geben

9. Die Scheiben mit dem restlichen Käse bestreuen und im vorgeheizten Backofen bei 180° C, Gas Stufe 2–3, Umluft 160° C ca. 15 Minuten goldgelb überbacken.

10. Die Kartoffel-Grieß-Taler auf Tellern verteilen, mit Basilikum garnieren.

Tipp: Dazu schmeckt eine fruchtige Tomaten-Knoblauch-Soße.

Zutaten:
für 4 Personen

350 g gegarte, mehlige Kartoffeln
2 Knoblauchzehen
5 Schalotten
30 g Butter
200 g TK-Blattspinat
130 g geriebener Käse
1 Eigelb
150 g Goldpuder Hartweizen-Grieß

Grieß für die Arbeitsfläche
1 Ei
Salz
frisch gemahlener Pfeffer
Muskat
Cayennepfeffer
Basilikum zum Garnieren
Küchengarn

Kartoffel-Spinat-Gratin

Zubereitung:

1. Den Backofen auf 180° C, Gas Stufe 2–3, Umluft 160° C vorheizen.

2. Die Kartoffeln schälen, waschen, ca. 15 Minuten in kochendem Salzwasser vorgaren und dann in Scheiben schneiden.

3. Den Spinat waschen und verlesen. Die Zwiebel und den Knoblauch schälen, die Zwiebel würfeln und den Knoblauch zerdrücken.

4. Das Öl in einem großen Topf erhitzen, die Zwiebelwürfel und den Knoblauch darin andünsten, den Spinat tropfnass hinzugeben und zusammenfallen lassen.

5. Die Milch erwärmen und mit dem Milkana Cremig leicht Natur, Salz und Pfeffer verrühren.

6. Die Kartoffeln, den Spinat und den Lachs schichtweise in eine Auflaufform geben und mit der Käsemasse übergießen. Das Gratin ca. 20 Minuten im Ofen garen, etwas abkühlen lassen und servieren.

Zutaten:
für 4 Personen

1 kg Kartoffeln
500 g frischer Spinat
1 Zwiebel
1 Knoblauchzehe
1 EL Öl
200 ml Milch

1 Frischeschale Milkana Cremig
leicht Natur (200 g)
200 g Räucherlachs
Salz
Pfeffer

Überbackener Seelachs „Landhaus"

Zubereitung:

1. Den Backofen auf 200° C, Gas Stufe 3–4, Umluft 180° C vorheizen.

2. Die Kartoffeln waschen, in reichlich Salzwasser aufsetzen und zum Kochen bringen. Bei geschlossenem Deckel ca. 20 Minuten köcheln lassen, abgießen, pellen und in Scheiben schneiden.

3. Das Fischfilet unter kaltem, fließendem Wasser abwaschen, trocken tupfen, in Stücke schneiden, mit dem Zitronensaft beträufeln und mit dem Bratfisch-Würzer bestreuen.

4. Die Tomaten waschen, den Stielansatz entfernen und die Tomaten sowie den Camembert in Scheiben schneiden.

5. Die Kartoffelscheiben, das Fischfilet, die Tomaten und den Camembert fächerartig in eine Gratinform schichten.

6. Die Crème fraîche mit dem Sellerie-Jodsalz, einem Teelöffel von der Petersilie und dem Cayennepfeffer würzen, auf dem Gratin verteilen und das Ganze im Backofen ca. 30 bis 40 Minuten garen.

7. Zum Schluss das Gratin mit der restlichen Petersilie bestreuen und servieren.

Tipp: Das Gratin schmeckt auch anstatt mit Camembert mit Bergkäse sehr gut.

Zutaten:
für 4 Personen

600 g Kartoffeln
600 g Seelachsfilet
Saft von ½ Zitrone
1 TL Ostmann Bratfisch-Würzer
4 Tomaten
300 g Camembert

150 g Crème fraîche
1 TL Ostmann Sellerie-Jodsalz
1–2 TL Ostmann Petersilie, gerebelt
½ TL Ostmann Cayennepfeffer, gemahlen

Kartoffelpuffer „Vier Jahreszeiten"

Zubereitung:

1. Den Backofen auf 180° C, Gas Stufe 2–3, Umluft 160° C vorheizen.

2. Die Pilze abbürsten, schlechte Stellen abschneiden und die Pilze in Scheiben schneiden. Die Paprikaschote halbieren, entkernen, waschen und in Streifen schneiden.

3. Die Kirschtomaten waschen und in Scheiben schneiden. Die Zwiebeln schälen und in Ringe schneiden.

4. Zwölf Kartoffelpuffer aus der Packung entnehmen, den Rest wieder einfrieren. Die Kartoffelpuffer mit dem Gemüse belegen, mit dem geriebenen Käse bestreuen und im Backofen ca. 20 Minuten knusprig backen.

5. Für den Salat den Lollo rosso putzen, waschen und in mundgerechte Stücke zupfen. Die Zwiebel schälen, in Ringe schneiden und dazugeben.

6. Für die Vinaigrette den Essig mit Salz gründlich vermischen, unter kräftigem Rühren das Öl und die Salatkräuter hinzufügen und nach Belieben mit Pfeffer abschmecken.

7. Die Vinaigrette über den Salat gießen und diesen mit den Kartoffelpuffern servieren. Die Kartoffelpuffer bei Tisch mit dem Ideal-Würzer abrunden und, um dem Salat eine besondere Würze zu geben, ihn nach Belieben mit Kräuter-Crispins bestreuen.

Zutaten:
für 4 Personen

100 g Pilze, z. B. Champignons
1 grüne Paprikaschote
8 Kirschtomaten
3 kleine Zwiebeln
1 Packung TK-Kartoffelpuffer (1500 g)
150 g geriebener Käse, z. B. Gouda

Für den Salat:
1 Lollo rosso
1 Zwiebel

Für die Vinaigrette:
1 EL Essig
3 EL Speiseöl
1 EL Fuchs Salatkräuter, gerebelt
Salz
Fuchs Pfeffer weiß, gemahlen

Bei Tisch:
Fuchs Ideal-Würzer
Fuchs Kräuter-Crispins

Kölsche Pizza

Zubereitung:

1. Die Kartoffeln schälen und waschen, die Zwiebeln schälen und beides fein reiben.

2. Die Eier und das Mehl unterrühren und mit Salz und Muskat würzen. Das Öl erhitzen und nacheinander knusprige, goldbraune Reibekuchen backen.

3. Die Tomaten waschen, den Stielansatz entfernen und die Tomaten in Scheiben schneiden. Den Kochschinken in Streifen schneiden.

4. Die Reibekuchen auf ein Backblech legen, mit den Tomatenscheiben belegen und reichlich mit den italienischen Kräutern, der Bunter-Pfeffer-Gewürzmischung und dem Mozzarella-Tomaten-Jodsalz würzen.

5. Die Kochschinkenstreifen und den Käse auf die Reibekuchen streuen und alles im vorgeheizten Backofen bei 200° C, Gas Stufe 3–4, Umluft 180° C ca. 10 bis 15 Minuten überbacken.

6. Anschließend die Pizzen mit Mozzarella-Tomaten-Jodsalz bestreuen und servieren.

Zutaten:

für 4 Personen

1 kg Kartoffeln
2 Zwiebeln
2 Eier
2 EL Mehl
1 TL Salz
½ TL Ostmann Muskatnuss, gemahlen
Speiseöl zum Braten

3 Tomaten
4 Scheiben Kochschinken
100 g geriebener Käse
Ostmann Italienische Kräuter
Ostmann Bunter-Pfeffer-Gewürzmischung
Ostmann Mozzarella-Tomaten-Jodsalz

Aus dem Ofen

Ungarisches Fisch-Pörkölt

Zubereitung:

1. Die Kartoffeln waschen, in reichlich Salzwasser aufsetzen und zum Kochen bringen. Bei geschlossenem Deckel ca. 20 Minuten köcheln lassen, abgießen und abkühlen lassen.

2. Das Schmalz in einem Topf erhitzen. Die Zwiebeln schälen, würfeln und in dem Schmalz andünsten.

3. Das Tomatenmark, die Paprika-Würzpaste und das Sauerkraut dazugeben, eventuell mit einer Tasse Wasser angießen, alles ca. 15 Minuten dünsten und nach Geschmack mit Salz und Pfeffer nachwürzen. Dann das Sauerkraut in eine Auflaufform füllen.

4. Die Fischfilets unter kaltem, fließendem Wasser abwaschen, trocken tupfen und in Würfel schneiden. Die Filets mit dem Fisch-Gewürz bestreuen und auf dem Sauerkraut verteilen.

5. Die abgekühlten Kartoffeln pellen und in Scheiben schneiden, schuppenförmig über die anderen Zutaten schichten und mit dem Bratkartoffel-Würzer würzen.

6. Den Auflauf mit der Crème fraîche bestreichen, im vorgeheizten Backofen bei 180° C, Gas Stufe 2–3, Umluft 160° C ca. 50 Minuten garen und mit dem Paprikapulver bestreut servieren.

Zutaten:

für 4 Personen

- 750 g Kartoffeln
- 50 g Schmalz
- 2 Zwiebeln
- 2 EL Tomatenmark
- 1 EL Fuchs Paprika-Würzpaste
- 1 Dose Sauerkraut (850 g)
- 750 g Kabeljau- oder Seelachsfilet
- 1 ½ EL Fuchs Fisch-Gewürz
- 1 TL Fuchs Bratkartoffel-Würzer
- 2 Becher Crème fraîche à 150 g
- 1 TL Fuchs Paprika edelsüß, mild
- Salz
- Pfeffer

Aus dem Ofen

Magyaren-Kartoffeln mit Paprikasalat

Zubereitung:

1. Für den Salat die Paprikaschoten halbieren, entkernen, waschen und in feine Streifen schneiden. Die Zwiebel schälen und in Ringe schneiden.

2. Den Weinessig mit den Gewürzen verrühren und das Olivenöl unterschlagen. Das Dressing mit den Paprikastreifen und den Zwiebelringen vermengen.

3. Die Kartoffeln gründlich abbürsten, waschen, in reichlich Salzwasser aufsetzen und zum Kochen bringen. Bei geschlossenem Deckel ca. 20 Minuten köcheln lassen, abgießen und abkühlen lassen.

4. In der Zwischenzeit die Füllung vorbereiten. Die Cabanossi in kleine Würfel schneiden. Die Paprikaschote halbieren, entkernen, waschen und ebenfalls in kleine Würfel schneiden.

5. Die saure Sahne mit den Gewürzen abschmecken. Die abgekühlten Kartoffeln längs halbieren und bis auf einen ca. 1 cm breiten Rand aushöhlen. Den Backofen auf 180° C, Gas Stufe 2–3, Umluft 160° C vorheizen.

6. Die aus den Kartoffeln geschabte Kartoffelmasse mit einer Gabel zerdrücken und mit der klein geschnittenen Cabanossi und den Paprikawürfeln unter die Sahne-Mischung geben.

7. Die Kartoffelhälften mit der Mischung füllen, in Alufolie wickeln und 10 bis 15 Minuten im vorgeheizten Ofen garen. Die fertigen Kartoffelhälften servieren und dazu den Paprikasalat reichen.

Zutaten:

für 4 Personen

Für den Paprikasalat:
je 1 rote, gelbe und grüne Paprikaschote
1 Zwiebel
1 EL Weinessig
Fuchs würzen statt salzen „Pikant"
Fuchs Pfeffer schwarz, gemahlen
Fuchs Salatkräuter, gerebelt
3 EL Olivenöl

Für die Kartoffeln:
4 große Kartoffeln
1 Cabanossi
1 rote Paprikaschote
150 g saure Sahne
2 TL Fuchs würzen statt salzen „7-Kräuter"
Fuchs Bunter Pfeffer, ganz, Gewürzmischung
Fuchs Paprika, Rosen, scharf

Aus dem Ofen

Oldenburger Kartoffelauflauf

Zutaten:
für 6 Personen

800 g gegarte Kartoffeln
2 Stangen Lauch
300 g Schinkenspicker, fein
je 1 rote, gelbe und grüne Paprikaschote
1 kleine Dose Mais (425 ml)
Fett für die Auflaufförmchen

Für den Guss:
6 Eier
2 Becher Crème fraîche à 150 g
100 g pikanter, geriebener Käse
1 Bund Petersilie
Salz
frisch gemahlener Pfeffer
Muskat, gemahlen

Zubereitung:

1. Den Backofen auf 200° C, Gas Stufe 3–4, Umluft 180° C vorheizen.

2. Die Kartoffeln pellen und in Scheiben schneiden. Den Lauch putzen, waschen und in feine Ringe und den Schinkenspicker in Streifen schneiden.

3. Die Paprikaschoten halbieren, entkernen, waschen und in ca. 3 x 3 cm große Stücke schneiden. Den Mais abtropfen lassen.

4. Kartoffeln, Lauch, Schinkenspicker, Paprika und Mais dekorativ in vier kleine gefettete Auflaufförmchen schichten.

5. Die Eier und die Crème fraîche verquirlen, kräftig mit Salz, Pfeffer und Muskat würzen und über den Auflauf gießen.

6. Den Käse darüberstreuen und das Ganze ca. 30 Minuten goldbraun überbacken. Die Petersilie waschen, trocken schütteln, die Blättchen abzupfen, grob hacken, über den Auflauf streuen und servieren.

Puszta-Schmaus

Zutaten:
für 4 Personen

500 g Hackfleisch
Speiseöl zum Braten
150 g Tomatenmark
1 Dose Sauerkraut (850 g)
200 ml Gemüsebrühe
150 g saure Sahne

Paprikapulver zum Bestäuben
1 Eimer Henglein Reibekuchenteig „Rheinische Art" (1000 g)
Salz
frisch gemahlener Pfeffer
frische Kräuter zum Garnieren

Zubereitung:

1. Das Hackfleisch in dem erhitzten Öl braten, mit dem Tomatenmark, Salz und Pfeffer würzen und in eine Auflaufform geben.

2. Das Sauerkraut mit der Gemüsebrühe ca. 30 Minuten dünsten und auf dem Hackfleisch verteilen.

3. Die saure Sahne mit Salz und Pfeffer gut verrühren, über das Sauerkraut geben, das Ganze im vorgeheizten Backofen bei 180° C, Gas Stufe 2–3, Umluft 160° C ca. 30 Minuten überbacken und mit Paprikapulver bestäuben.

4. Den Reibekuchenteig nach Packungsanweisung in erhitztem Öl goldbraun zu kleinen Reibekuchen braten, diese schuppenartig auf dem Auflauf anrichten und den Auflauf mit Kräutern garniert servieren.

Rosmarinkartoffeln mit Schafskäsewürfeln

Zubereitung:

1. Den Backofen auf 200° C, Gas Stufe 3–4, Umluft 180° C vorheizen.

2. Die Kartoffeln gründlich abbürsten, waschen, in reichlich Salzwasser aufsetzen und zum Kochen bringen. Bei geschlossenem Deckel ca. 20 Minuten köcheln lassen und abgießen.

3. Die Schafskäsewürfel abtropfen lassen, das Öl auffangen und sechs Esslöffel von dem Öl mit den Gewürzen verrühren. Den Knoblauch schälen und halbieren.

4. Die Kartoffeln je nach Größe eventuell halbieren, mit der Gewürz-Öl-Mischung und dem Knoblauch vermischen, in eine flache Auflaufform geben und im Backofen ca. 30 bis 40 Minuten garen. Zehn Minuten vor Ablauf der Garzeit den Schafskäse dazugeben.

5. Für den Salat die Tomaten waschen und halbieren. Die Zwiebel schälen und in Ringe schneiden.

6. Das Salat-Quick mit drei Esslöffeln Wasser und dem Speiseöl verrühren, mit den Tomatenhälften und den Zwiebelringen vermischen und den Salat zu den Rosmarinkartoffeln servieren.

Zutaten:
für 4 Personen

Für die Rosmarinkartoffeln:
800 g neue, kleine Kartoffeln
200 g Schafskäsewürfel, in Öl eingelegt
1–2 TL Ostmann Kräuter-Jodsalz
1–2 TL Ostmann Rosmarin, geschnitten
¼–½ TL Ostmann Pfeffer schwarz/weiß, geschrotet
8 Knoblauchzehen

Für den Tomatensalat:
500 g Kirschtomaten
1 rote Zwiebel
1 Päckchen Ostmann Salat-Quick „Paprika-Kräuter"
3 EL Speiseöl

Wichtel-Nuggets

Zubereitung:

1. Den Backofen auf 200° C, Gas Stufe 3–4, Umluft 180° C vorheizen.

2. Das Filet unter kaltem, fließendem Wasser abwaschen, trocken tupfen, in ca. 3 x 5 cm große Stücke schneiden und mit Thymian, Majoran, Salz und Pfeffer würzen.

3. Die Filetstücke mit dem Reibekuchenteig ummanteln, in dem erhitzten Öl ca. fünf bis zehn Minuten goldbraun braten, dann auf ein Backblech legen und im Backofen 20 bis 30 Minuten garen.

4. Für die Soße die Mayonnaise, das Ketchup und die Crème fraîche verrühren. Die Tomate waschen, halbieren und den Stielansatz sowie die Kerne entfernen.

5. Das Tomatenfruchtfleisch fein würfeln, unter die Soße geben und mit Salz und Pfeffer abschmecken.

6. Die Cocktailsoße zu den Wichtel-Nuggets servieren und alles mit frischem Salbei garnieren.

Tipp: Servieren Sie dazu einen knackig-frischen Gurkensalat.

Zutaten:
für 4 Personen

Für die Nuggets:
400 g Schweinefilet
je ½ TL Thymian und Majoran, gerebelt
1 Eimer Henglein Reibekuchenteig (1000 g)
Speiseöl zum Braten
Salz
frisch gemahlener Pfeffer
frischer Salbei zum Garnieren

Für die Cocktailsoße:
100 g Salat-Mayonnaise
50 g Ketchup
50 g Crème fraîche
1 Tomate
Salz
frisch gemahlener Pfeffer

Wichtel-Schmaus

Zubereitung:

1. Den Backofen auf 180° C, Gas Stufe 2–3, Umluft 160° C vorheizen.

2. Das Mett aus den Bratwürstchen als Bällchen herausdrücken.

3. Die Bohnen waschen, abfädeln, evtl. halbieren, in kochendem Wasser ca. fünf Minuten garen und mit kaltem Wasser abschrecken.

4. Die Kirschtomaten waschen. Die Karotten putzen, schälen, waschen und schräg in Scheiben schneiden.

5. Die Schupfnudeln und die Bratwürstchen-Bällchen in dem erhitzten Öl anbraten. Die Karottenscheiben und die Bohnen hinzufügen und mitdünsten.

6. Die Kirschtomaten hinzufügen, mit Salz, Paprikapulver und Pfeffer abschmecken, das Ganze in feuerfeste Portionsschälchen füllen, mit dem geriebenen Käse bestreuen und ca. fünf Minuten überbacken. Anschließend den Wichtel-Schmaus noch heiß servieren.

Tipp: Ersetzen Sie die Bratwurst-Bällchen auch einmal durch kleine Nürnberger Bratwürstchen.

Zutaten:
für 4–6 Personen

4 kleine, grobe Bratwürstchen
400 g grüne Bohnen
150 g Kirschtomaten
2 kleine Karotten
1 Beutel Henglein Schupfnudeln (500 g)
2 EL Speiseöl
4–6 EL geriebener Käse, z. B. Gouda
Salz
Paprikapulver
frisch gemahlener Pfeffer

Vom Grill

Folienkartoffeln „Surprise"

Zutaten:
für 4 Personen

8 große Kartoffeln
4 Hähnchenbrustfilets à 150 g
2 Bund Frühlingszwiebeln
1 Rolle Meggle Kräuter-Butter Original

Salz
Pfeffer
Paprikapulver
Tomatenspalten und Kerbel zum Garnieren

Zubereitung:

1. Die Kartoffeln gründlich abbürsten, waschen und ca. 20 Minuten in reichlich Salzwasser vorgaren.

2. Die Hähnchenbrustfilets unter kaltem, fließendem Wasser abwaschen, trocken tupfen und mit Salz, Pfeffer und Paprikapulver würzen.

3. Die Hähnchenfilets auf dem Grillrost unter gelegentlichem Wenden grillen und in Streifen schneiden.

4. Die Frühlingszwiebeln putzen, waschen und in Ringe schneiden.

5. Bei den Kartoffeln einen Deckel abschneiden und die Kartoffeln aushöhlen. Die Frühlingszwiebeln und die Hähnchenbruststreifen in die Kartoffeln füllen.

6. Jede Kartoffel mit einer Kräuterbutter-Scheibe belegen, die Kartoffeln in Alufolie wickeln und ca. 10 bis 15 Minuten grillen.

7. Die Alufolie entfernen, die Kartoffeln auf Tellern anrichten und nach Wunsch mit Tomatenspalten und Kerbel garniert servieren.

Gefüllte Folienkartoffeln vom Grill

Zutaten:
für 4 Personen

4 große Kartoffeln à ca. 160 g
1 große Karotte (ca. 100 g)
40 g Alfalfa-Sprossen
200 g Sour Cream
70 g Meggle „Leichte Rolle"
Petersilie zum Garnieren

Zubereitung:

1. Die Kartoffeln gründlich abbürsten, waschen, in Alufolie wickeln, auf dem heißen Grill ca. 40 Minuten garen und dabei von Zeit zu Zeit wenden.

2. Inzwischen die Karotte putzen, schälen und grob raspeln, die Sprossen waschen und abtropfen lassen und die Sour Cream glatt rühren.

3. Die Kartoffeln aus der Folie nehmen, aufbrechen und jeweils zwei Esslöffel von der Sour Cream hineinfüllen.

4. Die Karottenraspel und die Alfalfa-Sprossen über die Kartoffeln streuen.

5. Die Butter mit einem Buntmesser in acht Scheiben schneiden und jeweils zwei Scheiben zu jeder Kartoffel auf die Teller geben.

6. Das Ganze mit Petersilie garnieren und nach Belieben mit Salat servieren.

Register

Backofenkartoffeln	20
Bärlauch-Kartoffelsalat	72
Bratkartoffeln	21
Brokkoli-Käsecremesuppe	42–43
Fischgratin auf Frühlingsart	112–113
Fisch-Pörkölt, ungarisches	130–131
Folienkartoffeln „Surprise"	144–145
Folienkartoffeln vom Grill, gefüllte	146–147
Frühkartoffeln mit Frankfurter grüner Soße	62–63
Gemüsepfanne „Toskana", mediterrane	96–97
Gnocchi	31
Hähnchenbrust „Lissabon"	114–115
Hokiauflauf mit Kartoffeln und Spinat	118–119
Kartoffelauflauf, oldenburger	134–135
Kartoffel-Blumenkohl-Curry, indisches	64–65
Kartoffelcrostini mit Rauchkäse	116–117
Kartoffelgratin	19
Kartoffel-Grieß-Taler „Florentine"	120–121
Kartoffelgulasch, feuriges	58–59
Kartoffel-Käse-Kokossuppe	38–39
Kartoffelklöße	32
Kartoffelklöße, rohe	33
Kartoffel-Kräuterbutter-Tortilla	88–89
Kartoffel-Lauch-Suppe	44–45
Kartoffel-Lauch-Suppe mit Äpfeln	46–47
Kartoffeln „Bistro", gefüllte	84–85
Kartoffeln mit dreierlei Dips, neue	66–67
Kartoffelomelett mit Fleischwurst	90–91
Kartoffelpuffer „Vier Jahreszeiten"	126–127
Kartoffelpüree	22
Kartoffelrisotto, pommersches	100–101
Kartoffelsalat mit Pommernspieß, bayerischer warmer	70–71
Kartoffelsalat mit Rucola	76–77
Kartoffelsalat, pikanter	74–75
Kartoffelsalat „Springtime"	72–73
Kartoffel-Sauerkraut-Eintopf, deftiger	40–41
Kartoffel-Sellerie-Suppe mit Garnelen	48–49
Kartoffel-Spinat-Gratin	122–123
Kartoffel-Spitzkohl-Suppe mit Pommernspieß	50–51
Kartoffel-Steckrüben-Eintopf	52–53
Kartoffelsuppe	34–35
Kartoffeltortilla	92–93
Kerbel-Kartoffelrahm-Suppe	54–55
Ketchup	29
Konfetti-Puffer „Wichtelspaß"	94–95
Kroketten	23
Krustenbraten mit warmem Kartoffelsalat	78–79
Magyaren-Kartoffeln mit Paprikasalat	132–133
Mini-Rösti	98–99
Ofenkartoffeln mit Hackbällchen, kalifornische	110–111
Pellkartoffeln	19
Pfeffer-Reh mit Kartoffel-Kürbis-Püree	68–69
Pichelsteiner Eintopf	56–57
Pizza, kölsche	128–129
Pommes frites aus dem Backofen	28–29
Pommes frites in Fett oder Öl	26–27
Puszta-Schmaus	136–137
Quark-Kartoffel-Keulchen mit Pflaumenkompott	102–103
Reibekuchen	25
Rosmarinkartoffeln mit Schafskäsewürfeln	138–139
Rösti	24
Rösti mit Chili-Geschnetzeltem	104–105
Rucola-Kartoffelsalat mit marinierten Chicken Wings	80–81
Salzkartoffeln	18
Schinkenspicker mit Kartoffelrösti, gebratener	82–83
Schinkenspicker-Mühlenomelett	106–107
Schnitzel-Klassiker mit Bratkartoffeln	108–109
Schupfnudeln	30
Seelachsfilet mit Kartoffel-Zucchini-Schuppen	86–87
Seelachsfilet mit Ratatouille und Gnocchi	60–61
Seelachs „Landhaus", überbackener	124–125
Wichtel-Nuggets	140–141
Wichtel-Schmaus	142–143

© 2007 SAMMÜLLER KREATIV GmbH

Genehmigte Lizenzausgabe
EDITION XXL GmbH
Fränkisch-Crumbach 2007
www.edition-xxl.de

Idee und Projektleitung: Sonja Sammüller
Layout, Satz und Umschlaggestaltung:
SAMMÜLLER KREATIV GmbH

ISBN (13) 978-3-89736-805-7
ISBN (10) 3-89736-805-6

Gedruckt auf **maxi**silk 135 g/qm, Igepa Artikel-Nr. 179

Der Inhalt dieses Buches wurde von Autor und Verlag sorgfältig erwogen und geprüft. Es kann keine Haftung für Personen-, Sach- und/oder Vermögensschäden übernommen werden.

Kein Teil dieses Werkes darf ohne schriftliche Einwilligung des Verlages in irgendeiner Form (inkl. Fotokopien, Mikroverfilmung oder anderer Verfahren) reproduziert oder unter Verwendung elektronischer oder mechanischer Systeme verarbeitet, vervielfältigt oder verbreitet werden.

Bildnachweis

Wir danken folgenden Firmen für ihre freundliche Unterstützung:

F&H Public Relations GmbH, München
– Almond Board of California 110–111

Fisch-Informationszentrum e. V., Hamburg 60–61, 86–87, 118–119

G. Poggenpohl, Wismar 21, 32–33

Ketchum GmbH, München
– Bergader Privatkäserei 116–117

Pleon GmbH, München
– Meggle 88–89, 144–145, 146–147

The Food Professionals Köhnen AG, Sprockhövel
– Fuchs 58–59, 64–65, 68–69, 84–85, 92–93, 98–99, 104–105, 114–115, 126–127, 130–131, 132–133

– Goldpuder 120–121
– Grafschafter 24–25, 46–47
– Henglein 94–95, 136–137, 140–141, 142–143
– Kühne 72, 73, 74–75, 80–81
– Milkana 38–39, 112–113, 122–123
– Ostmann 40–41, 52–53, 56–57, 62–63, 66–67, 76–77, 78–79, 102–103, 108–109, 124–125, 128–129, 138–139
– Rügenwalder 50–51, 70–71, 82–83, 100–101, 106–107, 134–135

Wirths PR GmbH, Fischach
– Beltane biofix 96–97
– Hensel 44–45
– Teutoburger Ölmühle 54–55
– www.1000rezepte.de 34–35, 42–43, 48–49, 90–91

Alle weiteren Fotos:
SAMMÜLLER KREATIV GmbH